天下文化
BELIEVE IN READING

黃日燦
7/12/2024

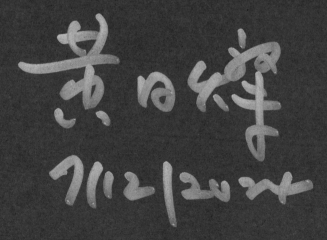

四、五歲時的黃日燦，
穿著水手服拍照，顯見
當時家境仍優渥。

黃日燦為家中獨子，幼時家中雖然貧困，但母親一直把他當寶。照片為五歲時與母親黃李清珠合影。

就讀大同中學時的黃日燦。

大同中學時在日月潭留影。

就讀建國中學時的黃日燦，即使進了人才濟濟、來自全台最優秀學生的建中，他依舊成績優異，大學聯考甚至拿下全台社會組第二名。

台大法律系一年級時的黃日燦。會玩又會念書的他，不僅年年拿書卷獎，也是社團的領導人物，大四那年，他甚至應屆就考上律師執照。

大三時，黃日燦帶領道德重整中國青年合唱團，在新公園舉辦「淨化心靈汙染運動」演唱會，轟動全台，照片為他當時代表上台致詞。

1977年，與妻子汪詠雪結婚，前排左起：吳火獅夫人、吳火獅、岳母汪許玉梅、岳父汪啟涵、父親黃炳輝、母親黃李清珠、前司法院院長翁岳生老師。後排左起：黃日燦、汪詠雪、岳父友人許崇仁。

1979年春天，在芝加哥西北大學法學院前與妻子、兒子合影。

1979年，因護照需要，夫人汪詠雪抱著兒子黃芝駿合影，也成為黃日燦最珍愛的照片之一。

1983年，哈佛大學法學院畢業典禮時，與妻子汪詠雪合影。

哈佛大學博士畢業典禮，與扶輪社顧問拉夫・雷納（Ralph Raynard）及其妻子合影，黃日燦至今仍感念他們對其一家人在美期間的照顧。

1987年，嚴凱泰在美結識黃日燦，兩人情同兄弟，黃日燦後來也成為裕隆的特別顧問，長期給予策略建議。

1992年，黃日燦帶著長年埋首工作的吳舜文遊長城，並在長城前留下珍貴合影。

每週日中午，甚至除夕，黃日燦全家都是和吳舜文、嚴凱泰一家人共度，兩家人有著親人般的深厚情誼。

2001年「乾淨選舉全國推行委員會」在總統府與前總統陳水扁合影。左五為黃日燦、左二為許壽峰、左六為柴松林，左八為淨耀法師、左十為劉仁州。

道德重整合唱團影響黃日燦待人處事至巨。照片為1993年為道德重整合唱團前輩劉毓棠做壽。前排左起：妻子汪詠雪、劉毓棠、黃日燦；後排左起：蔡貴珠、馬振玲、左五為歐陽慧芳、左六為許壽峰。

黃日燦一生熱心助人，1996年他義不容辭，擔起為綠島人權紀念碑募款之責。照片為1999年綠島人權紀念碑落成典禮，與柏楊合影。

1990年黃日燦銜命回台創辦台北眾達，以一人之力為眾達打下江山。照片為1995年與英國前副首相、眾達特別顧問傑佛瑞．侯艾（Geoffrey Howe）合影。

黃日燦對工作要求嚴格，但強將手下無弱兵，訓練出來的新世代律師個個都是高手，亞洲三十多位主持律師都是他培養出來的人才。

2011年，黃日燦前往廣州參加沃特金融峰會，與英國前首相布朗（Gordon Brown）合影。

2010年，黃日燦與友人共同創設台灣併購與私募股權協會，2013年榮獲該協會頒發的併購金鑫獎之卓越成就獎。

2010年，台北眾達20週年慶祝酒會與眾達全球管理合夥人布羅根（Steve Brogan）合影。

1970年代末，黃日燦與美國中國法律專家孔傑榮（Jerome Alan Cohen）同為第一批參與中國法律從無到有制定過程的人。照片為2017年孔傑榮教授來台時合影。

前總統李登輝夫人曾文惠為黃日燦妻子汪詠雪的表姑，李登輝早在擔任台北市長時即對黃日燦大學時為「淨化心靈汙染運動」舉辦的演場會讚譽有加。

2017年，總統蔡英文應邀參加併購金鑫獎頒獎典禮，黃日燦與蔡英文總統一同步入會場。

2019年，黃日燦決心貢獻畢生併購專業，協助台灣企業升級轉型、脫胎換骨，創立台灣產業創生平台，照片為2021年於活動中發表演講。

黃日燦人脈極廣，許多企業家在其號召下紛紛加入台灣產業創生平台。照片為2022年平台舉辦餐會時的合影，前排左起為黃偉祥、于卓民、黃日燦、林憲銘、簡禎富；後排左起為郭惠玲、盧希鵬、林志垚、陳其宏、沈尚弘、張鴻仁、洪水樹、顏漏有、狄沅。

黃日燦與富邦集團董事長蔡明忠在美念書時曾睡同一寢室，兩人從此成為好友，至今是彼此事業上與公益上的好夥伴。

緯創董事長林憲銘與黃日燦認識二十多年，交情深厚，是少數聽過黃日燦談起童年的友人。

1998年，大聯大控股董事長黃偉祥邀請黃日燦擔任集團獨董，不僅在公司治理上給予建言，兩人私下也常一起運動。照片為2023年一同登山時的合影。

陳泰明（右前一）1993年加入台北眾達，與黃日燦共事近30年，為其並肩作戰的好夥伴，黃日燦表示若無陳泰明，執業上將增加不少痛苦。照片為2023年陳泰明生日時雙方夫婦的合影。

黃日燦至今仍與多位大學好友維持深厚情誼。照片為2020年大學好友為他慶生時的合影，前排左起：王文暉、高碩泰、黃日燦、林伯峰，後排左起為各自的夫人：舒琳琳、宋小芬、汪詠雪、卓惠玉。

2020年6月，黃日燦卸任長達18年的台灣大哥大外部董事和獨董，董事們為其舉辦歡送會。前排左起：宋學仁、蔡明忠、黃日燦、蔡明興；後排左起：林之晨、盧希鵬、林福星、蔡承儒、鍾嘉德。

照片為好友一起為夫人汪詠雪慶生時的合影，後排左起：黃宗仁、黃日燦、陳天貴；前排左起為各自的夫人：何美育、汪詠雪、郭玉玲。

2020年黃日燦騎單車環島，途中於西螺大橋留影。

做什麼都是第一名的黃日燦，其實既會玩，也瀟灑不羈。

2023年，黃日燦前往摩洛哥旅遊，
沙漠中的他，有如武林俠客，
亦狂、亦俠、亦溫文。

如《絕代雙驕》裡的小魚兒，工作之外的黃日燦，生活中亦有調皮與瀟灑的一面。照片為2023年黃日燦於沖繩海邊留影。

參加道德重整合唱團讓黃日燦找到終生伴侶汪詠雪，太太為了他和兩個子女犧牲很多，他一生感激。照片為兩人結婚30週年合影留念。

黃日燦傳

從圓環邊窮小孩走向併購大師的壯闊人生

黃日燦——口述
楊倩蓉——著

謹以本書獻給我摯愛的妻子汪詠雪，

她為了我和兩個子女犧牲很多。

目錄

第一部 起點：千金難買少年貧

第二部 征途：初露鋒芒到站上國際舞台

第三部
開局：把國際併購經驗帶回台灣

推薦序一

平凡的出身、不平凡的人生

緯創集團董事長　林憲銘

這是一本超好的故事書，一旦開始閱讀就很想把它看完，頗有武俠小說的吸引力，也是 Jack 從少年到現在精采的敘事。由衷的佩服！

認識 Jack（黃日燦的英文名字）是在他已是大師級的時代，而讀他的傳記方能體會他成為大師的緣由。不由得說，其來有自。Jack 自小即有非常正向的人生觀，不會因家庭經濟狀況而放棄，反而培養出韌性和解決困難的能力。在成長的每一階段，他超乎常人的努力，使他無論在求學、工作、再進修，各時期具有非常扎實的能力。雖說他智商極高，然沒有經歷這些自我要求的磨練，也無法在關鍵時刻表現出超常的成果，令人讚嘆。而且在每個似乎是順風順水的豐收之後，Jack 又常自我挑戰，不願停在舒適圈，總是走出別人意想不到的新環境、新格局。若非年少培養的韌性和戰鬥力，極少數人能不斷地主動去迎向新的挑戰。此刻回頭看他的每個轉折點，好像極為自然順暢，但在當下，那需要多大的勇氣！

Jack 還有一個極為人稱許的特質，就是他自年輕就有的救世濟民之念一直沒有消失，反而因為能力愈強、成就愈大而更強烈，自始而不忘此善念能堅持著，那才是不凡的意志力和修養，值得大力按讚！

Jack 的朋友三教九流，他都能應付自如，實非一般人所能。看似容易，卻是極複雜的人情世故。若非具洞察人心的能耐和與人為善的本意，如何讓人都覺得他如此親近、如此友善。加上他不斷博覽群籍，行蹤遍及全球，也可說上知天文、下知地理，無論什麼話題、什麼人物，都曾在他腦海中停留，實在難不倒他，反倒是愈來愈欽佩，或者愈想和他談談不知道的事。

成功的男人定有成功的女人在背後，這雖然有違現代女權的觀念，然也不能忘記 Shelly（黃日燦夫人汪詠雪的英文名字）每在重要的轉折點給 Jack 的提醒和支持，知夫莫若妻，我想這應該是 Jack 人生中最大的成就、最大的幸福。

我在先前的訪談中曾說過，Jack 是我見過最符合「出將入相」評價的人，而這本傳記清楚地表達了造就一個將相的故事，既好看，又有啟發性。

而我最幸運的是，能成為 Jack 的好友之一，人生難得！

推薦序二

學會感恩，做別人生命中的貴人

大聯大控股董事長 黃偉祥

Jack 是我事業生涯中非常重要的貴人。

儘管自忖拙於筆墨，但當 Jack 邀請我撰寫回憶錄的推薦序時，我仍毫不猶豫地答應了。約莫一個多月後，五月初正當準備飛往義大利旅程前一天，我收到回憶錄二校電子檔，在這段漫漫長程飛行期間，得以心無旁鶩好好拜讀這本傑作，這讓我更認識 Jack 了，甚為欣喜。待返台進公司，偌大的辦公桌上放著回憶錄的紙本校對稿，又大又厚的紙本書方便閱讀，這完全符合 Jack 貼心細膩的風格，再次逐字咀嚼，依然感觸良多，深深感佩 Jack。

書中感人回憶，令人潸然淚下

書中所載許多是我們四、五年級世代共同的回憶，許多場景讀起來是那麼熟悉又似曾相識。同樣生在尋常百姓窮苦人家的創業家如我者，同樣的胼手胝足投入創業，對於 Jack 提到「千金難買少年貧」的心路歷程特別感同身受，也深刻認同他的觀念。書中有段情境描述 Jack 在一九九〇年到二〇一〇年期間的成長及發展歷程，尤其他所貢獻的世界級併購經驗，帶給台灣產業界及律師界很好的學習典範，過程中如何幫助眾多台商透過併購，一路從小到大，從台灣到大陸，再到國際化，剛好就是世平與大聯大這段時間發展的寫照，因此更令我難忘。

書中也記載 Jack 與裕隆集團的恩義情誼，一些事件的祕辛細節，超乎一般人的際遇，相當令人動容。其中敘述 Jack 擔任裕隆顧問協助吳舜文董事長處理一些關鍵事件，如有關日產的 logo 建言奏效等等，情節絲絲入扣，動人心弦，尤其記錄了吳董事長開刀復健後為了參加凱泰婚禮，由 Jack 攙扶進場的細微描繪，讀來不禁令人鼻酸，更遑論往下展讀，提及凱泰彌留之際仍等待 Jack 的心情……，也讓我心生不捨，潸然淚下。

與 Jack 的相識相知

跟 Jack 結緣在一九九二年，那年美商安富利（Avnet）想要併購我創業的世平興業公司，我只知道得找專業律師。剛好我太太惠群與 Jack 夫人詠雪，都在故宮擔任義工，所以因緣際會聘請 Jack 擔任我方律師，因著這案子，Jack 與我有長達兩、三個月密切頻繁的聯繫與討論，期間 Jack 提供諸多中肯意見及觀察；猶記最後一次與安富利協商，就在我想攤牌、即將破局的前一刻，Jack 把我拉出會議室，一再的問我：「你確定嗎？你確定嗎？」深怕我一時衝動、考慮不周做出決定，提醒我慎重確認內心的真實聲音，所幸我心意已決，很快就讓他了解我的決心，雖然這宗交易最終以「未完成」結案，但彼此留下還不錯的印象，那一刻我深感 Jack 是一位值得信任的律師。

爾後的項目持續找他諮詢，有了更多的接觸與更深的信任，因此在世平興業一九九八年上市時，我邀請 Jack 擔任外部董事，至今都還是大聯大控股的獨立董事，對大聯大董事會的持續演化及進步可謂厥功甚偉。

以終為始，繼續貢獻台灣產業

在這本回憶錄成書之前，我知道 Jack 與我生命中有很多共同點和交集點，兩人磁場接近，且相交已逾三十載，但我常稱 Jack 與我是熟悉的「陌生朋友」。直到跟隨回憶錄的軌跡，才對 Jack 有了更全面而完整的認識，當然也更清楚了解到，Jack 之所以會成為現在我們所認識的 Jack，其來有自（Everything happens for a reason.）。

透過回憶錄的回溯、連結及有系統的整理，可以幫助我們重新審視自己、認識自己，了解我們為什麼成為今天的自己，這本回憶錄就是如此。Jack 先回溯自己的家庭以及學涯中，他從小學到留學所歷經的人與事，包括書中的小魚兒、道德重整合唱團、小學和初中遇到的老師、高中和大學的同學，直到職涯中，從律師生涯初期的貴人前輩們、裕隆集團的日子，再到回台後眾達法律事務所接辦的指標案件等等，Jack 一一細數。他清晰每個事件的軌跡、彼此的關聯與最終的影響；哪些人或哪些事啟發了他後來的信念與原則，進而讓他在做出人生重大決策時，產生正面的能量，透過這些正面力量的持續連結及影響，成就了我們所知的國際級黃大律師，最後又成就了他所催生的台灣產業創生平台，矢志為企業獻策的義工與軍師，繼續推動著台灣老創企業的轉型與升級。這一系列的溯源以及種種因緣際會的連結，讓我們深知，Jack 人生中的一切成就皆非偶然，也成就了今天這本不容錯過的大師回憶錄。

最後我想說，這不僅僅是一本回憶錄，更像是一本感恩貴人的自白書。我相信，Jack 希望藉由這本書啟發大家，透過回溯及連結的過程，不斷進行自我審視，仔細發現我們生命中，有無數貴人曾指引我們成為怎樣的人，這些貴人又如何成就了今天的我。期待閱讀這本書的我們，未來都可以更謙卑、更感恩之外，也要立志做別人的貴人，去啟發他人、成就他人。

推薦序三

青山依舊在，寶刀猶未老

富邦集團董事長 蔡明忠

喜聞好友黃日燦董事長出版個人傳記《黃日燦傳：從圓環邊窮小孩走向併購大師的壯闊人生》，我衷心感到振奮，收到書稿後旋即閱讀不忍釋卷，精采緊湊的故事經歷與真知灼見的人生智慧，果然令人驚嘆：書如其人，真材實料。

以過人的努力與智慧，翻轉人生棋局

從建中的不敗傳奇到台大法律系的超級學霸，遠渡重洋完成西北大學法學碩士、哈佛大學法學博士，進而成為人人爭搶的華爾街大律師、台灣各大企業的策略軍師及併購大師，現階段更致力助攻台灣產業創生。黃日燦董事長不畏艱困的成長環境，一路過關斬將的人生故事，以及不同階段的心境轉折，都詳盡收錄在這本傳記中。

我與日燦兄相識近五十載，他是我台大法律系的學長，我們一起經歷初到美國留學的年少時光，此後成為長年的知交好友。猶記得當初邀請他擔任台灣大哥大的獨立董事，他對我說的第一句話就是提醒我：「如果你只要做做樣子，就不要找我。」這正反映了他立身處世的原則。一般人當獨董開開會就好，他當獨董，力求為企業帶來獨立、專業的外部視角，不僅防弊，還能興利，真正為獨董制度與公司治理賦予了新的意義與價值。我很慶幸能邀請到他在台灣大哥大董事會貢獻超過十七年，一路從 2G 到 5G 時代，對於台灣大哥大的公司治理及數位匯流發展均助益良多。

日燦兄年幼時家境艱困，他曾引用孔子自述：「吾少也賤，故多能鄙事。」我想起星雲大師曾言：「聖賢不怕困於陋巷，英雄也不怕出身於寒微。」正是日燦兄的寫照。少時的境遇，從未曾阻礙他的志向，更成就他的韌性，讓他比別人更通達人情事理，面對世事變化更游刃有餘。即使棋局的開盤看似一團糟，但他憑藉自己的努力，打了一場漂亮的翻身仗，功成名就之後，更以自己的經驗培育後學、默默行善、積極公益，潤物細無聲。

為朋友、更為台灣產業行俠仗義，貢獻所長

最難能可貴的是，他重情義，對朋友、對後輩、對台灣社會盡是溫暖與關懷。他將全球首屈一指的眾達國際法律事務所帶到台灣扎根發展，為台灣培育眾多頂尖律師人才；他在華頓商學院、哈佛大學、哥倫比亞大學等校設立獎學金，幫助台灣留學生。現在我也跟著他的腳步，支持許多海內外的法學院或設立台灣學生獎學金，一起幫助台灣培養更多優秀的法律學子。

我也特別欽佩日燦兄推動「台灣產業創生平台」的努力。這個平台源於他遲來的「中年危機」，他在耳順之年一手推動成立，希望積累過去涵蓋企業併購、產業策略、公司治理、跨國經營諮詢、科技產業事務與家族企業規劃等領域的專長，扮演企業轉型的策略軍師與產業發展的意見領袖，積極協助台灣產業脫胎換骨。

日燦兄說他像古龍筆下《絕代雙驕》中的小魚兒，在困境中求生存，又保持樂觀。「在草莽中生存，又不要變成地痞流氓，要混也要混得有格調，而且不只有格調，還要愈混愈好。」小魚兒是惡人谷長大的俠義少年，而在日燦兄身上，我彷彿看見那位少年早已蛻變成為現今的一代大俠，身懷滿腹智謀與超群武藝，希望為台灣產業行俠仗義，再戰江

湖。

《黃日燦傳：從圓環邊窮小孩走向併購大師的壯闊人生》做為日燦兄第一本個人傳記，這是一本記錄台灣囝仔在世界舞台上發光發熱的勵志傳記，更是一本充滿策略與智慧的人生寶典，值得所有讀者潛心品讀。

自序

立言，做為「他山之石」

黃日燦

我從小就喜歡讀人物傳記，不管是大人物或是小人物，只要是真實呈現的人生故事，我認為都大有可觀。每個人的生命固然都是獨特的個體，但每個人的人生閱歷卻有很多「似曾相識」之處。所以，閱讀真實呈現的人物傳記，可以把別人的「前車之鑑」引為自己的「後事之師」，若能因而避免貳過，那就善莫大焉了。

傳記是最好的人生導師

我是一個獨生子，父母並沒有給我太多的人生指導，從小就靠自力更生，自己摸索生命的意義和人生的道理，其實很容易學壞變壞。幸好，我因廣讀人物傳記，不知不覺間受到了一些「潛移默化」的影響而沒有「誤入歧途」。

由於我親身體驗到閱讀人物傳記的好處，我常鼓勵別人讀傳記，也常鼓勵大家寫傳記。我覺得，「三人行，必有我師焉」，即使是販夫走卒、市井小民的傳記，只要真實呈現，都有可讓讀者參考借鏡的地方。既然鼓勵別人寫傳記，自己似乎也不能偷懶，所以趁還沒有老年癡呆之前，趕緊完成這本回憶錄。

我出版回憶錄，不是為了炫耀自己的偉大成就，因為我並沒有顯赫的家世背景，也沒有太了不起的豐功偉業。出這本書，是因為我很幸運，從「千金難買少年貧」的童年開始，就得到很多貴人相助。他們的言教乃至身教對我幫助甚大，讓我能夠「關關難過關關過」，成為一位稍有可取之處的人。我覺得，我的經歷和體驗，或可做為幫助別人的「他山之石」。

另外我很幸運的是，在我數十年的執業律師生涯中，踏遍了台灣、美國、香港、歐洲、日本、東南亞、印度和中國大陸等地，也碰到了好幾次世界政治、經濟、產業的大拐點，諸如一九七〇年代中國大陸的改革開放、一九八〇年代美國華爾街的併購熱潮、一九九〇年代台灣高科技產業的突飛猛進、二〇〇〇年代全球供應鏈大舉西進中國等等。在這幾波風起雲湧的大浪潮當中，我躬逢其盛，扮演了一些注腳性質的角色，這些際遇有其時代的獨特性，很難複製，我敝帚自珍，認為也有可供別人參考的價值。

透過書寫，梳理自我，留下智慧

為了寫回憶錄，我認真地回顧了自己一路走來的成長歷程，再次感受到人生有太多「不可知」的轉折和無奈。面對這些或喜或悲或憂或樂的「不可知」，我們唯一能「操之在我」的是決定我們「面對人生的態度」。要坦然面對或是怨天尤人？要瀟灑走一回或是後悔一輩子？

我發現，我面對人生的態度有兩個不同、但互補的面向。第一個面向是我有點玩世不恭的人生態度，喜歡不按牌理出牌，不喜歡被人一眼看透，更不喜歡循規蹈矩按本操課。這個刁鑽滑溜的泥鰍個性是我的「保護傘」，尤其是我面對人生很多無奈的心理武裝。說來好笑，對我這方面人生態度模塑影響最大的榜樣，不是什麼真實的偉大人物，而是武俠小說名家古龍所著《絕代雙驕》中的「小魚兒」。至於為什麼是小魚兒，要先賣個關子，讀者看了我這本回憶錄應該就可知道。

我人生態度的另一個面向，是比較正經嚴肅的，是剛進大學時受到道德重整運動影響而奠定的做人做事準則。最根本的人生態度就是「改變從我自己開始」，若自己沒改變，不管你影響了多少人，開展了多大的事業，很可能都是建立在沙灘上的城堡，轉眼成空。至於道德重整運動為何對我有這麼大的影響，讀者看了我這本回憶錄就自然明瞭。

心中有規矩，即能成方圓

半世紀前，我當道德重整中國青年合唱團團長時，我在團員證背面寫了四句話：「憑良知做人做事，拿愛心關懷別人，用行動改造自己，以微笑面對世界。」前三句話基本上是道德重整精神的結晶，第四句話「以微笑面對世界」則是從小魚兒身上擷取套借過來的。

這四句話一直是我的座右銘，我不認為我都能百分之百做到這四點，但我經常把它們放在心上，也經常想辦法從對方的角度去了解別人。我發現，從對方的角度去想，我可以更容易幫助他，結果就是更容易幫助我自己。幾十年來，我碰到了很多考驗和挑戰，道德重整精神有時也給了我很大壓力，但我很高興年輕時就找到自己的信仰，發展出對自己、對社會、對世界的價值觀，能夠堅持走自己認為對的道路。

道德重整還帶給了我一個始料未及的大收穫，就是找到我的終生伴侶，也是我終生的領導。人一生中很重要的是要交到那種不講客套、隨時可以給你當頭棒喝的知交好友。我很慶幸，每天都有人在耳邊提醒：「你沒有那麼偉大，少說兩句，多做幾分……」這是我一輩子受用無窮的福氣。

管理大師彼得・杜拉克九十三歲時，被問到希望別人會記得自己什麼？他回答說：「我希望人們記得，我曾經幫助過一些人實現了他們的目標。」

我也希望是如此。

前言　從圜環邊窮小孩到華爾街大律師

「你要變成怎樣的人，決定在你自己；
假如你有足夠的自覺、足夠的努力，
其實你可以做到很好，解決很多問題；很多人沒有這樣的自覺，
是因為不願意付那個為了改變自己去努力的代價。」

——黃日燦

二〇二四年三月，台灣產業創生平台在政大公企中心舉辦一年僅一次的「企業併購課程大師專班」，連續兩天的課程，學員在台下聆聽產業創生平台創辦人及董事長黃日燦在台上以四十年豐富的國際併購經驗，拆解併購案例背後的人性思考，台下的人全神貫注，聽到忘我，對黃日燦的精采授課內容，幾乎到了目眩神迷的地步。

三十幾位學員都是上市櫃公司的董事長、企業二代、執行長、財務長及營運長，所屬

的產業更是包羅萬象，從最熱門的產業電動車、軟體服務、電子代工，到自行車、私募基金、鋁業、製藥、醫材、電信業、社企業，甚至是百年糕餅業都專程從高雄慕名而來。

黃日燦在台上講課，開宗明義就說：「不管做任何事，即使做律師只是承辦一個案件，我也希望不只幫你完成這個案件，也能幫你看到沒看到的。」

兩天的併購課程，黃日燦不談法律，也從不強調企業轉型成長一定要靠併購，反而告訴台下學員：「企業決策者在面臨經營難題時，不限於併購，因為想併購的同時，要想的是不併購；當你在想併購時，另外一面是不併購會怎麼樣，兩者同等重要，也就是 to be or not to be。」

他先建立大家對併購概念的認識，再透過企業真實併購案例，從過去的經典案例一路談到目前最受大眾關注的併購案；每個案例背後，當事人為什麼這樣思考，那樣選擇。因為課程太精采，之前就有學員反映，中午簡單吃個便當就好，他們想縮短休息時間，趕緊再回到課堂上聆聽黃日燦的講課。

一位學員驚嘆地說：「黃律師上的課實在太棒了，企業都把他當做策略家，我們來上他的併購課，不只想聽併購，更想向他學習思考事情的邏輯，以及如何洞察人性。」

台灣法律界的先鋒與拓荒者

在法律界，黃日燦這個名字可說是如雷貫耳。

他曾經是全美及全球首屈一指的大律師事務所、眾達國際法律事務所（Jones Day）台北主持律師及大中華區業務主席；三十多年前，他也是第一位將美國一流律師事務所的併購經驗帶回台灣的華爾街大律師。

他在一九七〇年代，海外留學風潮正盛時，選了一條與眾不同的路，到美國念法律研究所。當時，台灣學生到美國念法律的人不多，黃日燦拿到了西北大學法學院碩士，在哈佛法學院更創下不到三年就拿到博士的紀錄。

一九七〇年代末期，中國大陸開放外資初期，他也與美國知名的中國法律專家孔傑榮（Jerome Alan Cohen）共同成為第一批參與中國法律從無到有制定過程的人。

他不僅是一九八〇年代少數留在美國執業的華人律師，也是第一位進入紐約一流律師事務所工作的台灣人。當時的台灣，正逢高科技產業起飛的黃金十年，從政府到民間，全力拚搏高科技產業。一般大眾對法律界並不熟悉，但在美國，律師這個行業向來是美國名校畢業生的熱門選擇。曾為蘋果創辦人賈伯斯撰寫傳記的知名作家艾薩克森（Walter

Isaacson）在著作《馬斯克傳》中便提到八、九〇年代的美國：「讀常春藤名校、胸懷大志的學生不是往東，前進金光閃閃的華爾街銀行和法律事務所，就是往西行，嚮往科技烏托邦，朝向充滿創業熱情的矽谷。」

雖然台灣人到美國留學人數在一九八〇年代達到高峰，但是華人在美國工作，想要出人頭地本就不容易，更遑論門檻更高的美國法律界，幾乎是美國白領精英的天下。但黃日燦卻用不到十年的時間，擠入白人精英的窄圈，嶄露頭角，後來更躍升為眾達國際法律事務所全球第一位來自亞洲的華裔合夥人，那年，黃日燦才三十八歲。

不只是律師，更是運籌策略的企業軍師

在八〇年代、美國併購的黃金年代，黃日燦也是唯一一位台灣來的律師，在華爾街併購風潮正盛時，與一群美國本土精英律師打併購戰，親身見證了八〇年代華爾街內線交易、垃圾債券、企業併購熱潮的喧囂年代，發揮了影響力。

黃日燦在華爾街大展長才的同時，也開始以豐富的國際經驗與專業，協助許多台灣知名企業家到美國發展；從原本只是單純的法律諮詢，到進一步提供商業的考量策略，驚艷

了許多企業大老，從律師到企業軍師，紐約華人律師「Jack Huang」（黃日燦的英文名字）的名氣也愈來愈響亮。

他在一九九〇年代，銜命返台成立眾達台北律師事務所時，不僅將華爾街豐富的併購經驗帶回台灣，更是台灣第一個喊出「透過企業併購，協助台灣企業升級」的人。他引領台灣企業併購風潮，邁向國際，主導台灣多項企業跨國併購及合資案，因而有「併購大師」的美譽，更連續多年被選為世界傑出律師。

黃日燦在專業上最為人熟知的事蹟，除了帶領眾達團隊主導美光併購華亞科、日月光併矽品、聯發科併晨星等千億併購大交易；他也代表台灣奇摩網站完成與美國雅虎的跨國併購交易，成功讓台商站上世界舞台。至今，併購不僅成為台灣企業顯學，更是許多律師事務所執業必備的業務項目之一。而黃日燦幫法國馬特拉公司打贏與台北市捷運局的官司，更讓他在訴訟上一戰成名。

此外，外界對黃日燦最為熟知的另一個身分，就是他曾經是裕隆集團前總裁吳舜文與前董事長嚴凱泰最倚賴的特別顧問。一九八七年，當時還在美國念大學的嚴凱泰，經由他人介紹，認識了黃日燦，並向母親吳舜文力薦黃日燦擔任裕隆集團特別顧問，從此與吳舜文及嚴凱泰開啟了長達二、三十年親人般的情誼。

黃日燦協助吳舜文母子在經營管理上的各種大小決策，舉凡前往中國大陸投資、重大糾紛到經營策略等，被當時裕隆集團的人視為「國師」。

他的專長除了企業併購、跨國投資、證券金融、公司治理等領域，也專長於超級富豪的家族權力與財務規劃，多年來，一直被許多企業主視為軍師，幾乎台灣所有有名望的企業家族，都曾延請他幫忙，解決各種公私難題。

這樣一位大家眼中的華爾街大律師、裕隆特別顧問、併購大師，以及台灣各大企業主非常倚賴的「策略軍師」，為什麼能有如此一般人無法企及的成就？

或許，可以從他的成長過程找到答案。

貧苦童年練就過人專注力

黃日燦在法律執業上既是先鋒者，也是拓荒者。他在媒體鏡頭前，在各種併購課程上，侃侃而談，信手捻來就是他曾經參與的國際併購案件，如數家珍，但他卻很少談及童年往事。

從台大法律系狀元到哈佛法學博士，很多人以為他是啣著金湯匙出生的權貴子弟，才能順理成章擁有今日的成就。黃日燦自身也極少談到自己的成長經歷，這是他從小養成的習慣，即使與他非常親近的朋友，也幾乎很少聽他聊起童年往事。

黃日燦的企業家友人、大聯大控股董事長黃偉祥說，在他印象裡，Jack 總是幽默風趣，能炒熱氣氛，卻很少談自己的年少。緯創集團董事長林憲銘稍微有聽過黃日燦聊起一些童年往事，但也是極少聽聞。黃日燦的兒子、方源資本董事總經理黃芝駿回憶，幾年前他在香港高盛集團擔任董事總經理，有一天公司負責媒體工作的主管也是台灣人，忽然對他說：「Andrew 啊，台灣媒體都把你講成是富二代！」黃芝駿嚇了一大跳，他看了這位主管給他的台灣媒體報導，很訝異自己被視為富二代。他的父親黃日燦，因為是大家口中的千億大律師、併購大師，又是畢業自哈佛法學院的博士，外界便順理成章地以為他父親不是出身顯貴，就是家境富裕，才能出身名校，擁有豐沛人脈，並且主持律師事務所，擔任台灣各大企業的策略軍師。

事實上，黃芝駿從來都不是富二代，從小聽父親黃日燦與學生時代好友聊天時得知，父親幼時家境貧寒，完全是靠自身努力一路往上爬，才能站上今天的高度。

幾年前，媒體有篇文章報導黃日燦少年家貧的故事，身邊友人才恍然大悟，原來黃日燦小時候是這樣辛苦長大的。黃日燦從不提童年往事，但他很喜歡到君品酒店頤宮用餐。

每次用完餐走出來，往右轉就是承德路與長安西路交會處，就是他出生的地方，也是當年台北最熱鬧繁雜的圓環小吃一帶，他若往巷口大喊一聲，可能還會有不少兒時舊識探出頭來回應。

一九五二年出生的黃日燦，成長於台北當時最熱鬧的大稻埕圓環小吃攤商區，是老台北人記憶中半世紀前最繁華熱鬧的地帶。但這個熱鬧繁華的商業區卻從來不是黃日燦成長時的安全港灣，從他有記憶以來，躲債、黑道上門討債即是他的童年日常。

黃日燦曾經感嘆地說：「三級貧戶不窮，至少還有家、有地，政府還會給錢，但都市裡做生意失敗的人沒人理，比三級貧戶更窮，連房子都沒有，政府也不會給你錢。」他的童年，因為父親替人作保被連累，有時債主半夜上門，為了躲債，他們得連夜搬家。經濟好一點時，又再搬回圓環地區經營水電行，有時租屋住在店後面違建的天井內，有時則搬到巷弄裡的窄屋。

雖然黃日燦從小到大都拿第一名，在他求學的歲月裡，家裡經常沒有一張書桌可以讓他念書。他總是一邊幫忙看店，一邊設法專心讀書，身邊不是債主上門大聲嚷嚷，就是親戚吵鬧不休，甚至是黑道上門，拿刀插在桌子上威脅，但他也因此培養出可以不受任何外界吵雜干擾的專注力。

智商過人，但比別人更努力

十歲的孩子應該是向父母吵著討要玩具的年紀，但從小學三年級開始，他就靠自己的努力，沒有再跟家裡拿過一塊錢。

艾薩克森說：「領導沒有公式。」他在為賈伯斯、愛因斯坦寫傳記之後發現，「他們雖然不曾因謙卑而為人稱道，但事實上，內心深處卻不乏謙卑。」人事無常，窮人最能體會。成長過程的驚濤駭浪，讓黃日燦在時間與風險的面前，格外敏感謙卑，他總是抓緊今日的任何機會努力學習，並隨時警惕明日可能到來的危機，因此成就他在律師生涯及擔任企業策士時，總是比別人多想一步，比別人多走快一大步。

他也是一個智商超過一六〇的天才，從小卻沒有好的環境與家人支持，讓他得以在呵護下，盡情發揮天分。他必須分心去力抗貧困環境，想要吃一碗小吃攤的滷肉飯，都得靠自己去努力，但他從來不拿生活困苦做藉口，他靠自己摸索，快速成長，在擠出來的有限時間裡，發展出獨特的學習訣竅與適應環境的能力，從初中到大學，成為師生眼中永遠拿第一名的不敗傳奇。

黃日燦的高中同學說：「黃日燦很聰明，但他不是那種 book smart，死讀書而已，他是street smart，人情世故、市井小民、人生百態，人心的細緻幽微之處，他都很清楚。」也正是從小培養出凡事盡人事才有機會向上的認真態度；聽天命才能抱持希望活下去的樂觀特質，磨塑出成年後，各種排山倒海的疑難雜症都難不倒他，黃日燦感慨地引用了一句話說：「吾少也賤，故多能鄙事。」

許多青少年時期的同學好友都不解，在多數人懵懵懂懂的青少年階段，連填大學志願都還摸不清楚自己的志向、只能讓分數高低決定未來科系時，為什麼黃日燦就一心一意堅定律師職志？即使他大學聯考分數拿到全國社會組丁組第二名，他還是堅持「降級」填台大法律系為第一志願。

黃日燦的回答是：「為了公平正義。因為透過法律工具，可以改變社會。」這個公平正義的背後，有其童年時遭遇的辛酸。在回顧自己的成長過程時，黃日燦說：「我完全同意：千金難買少年貧。」

第一部

起點：千金難買少年貧

創生

開局

征途

起點

第一章　弱者的滋味：

貧苦打磨成長的筋骨

「在我成長過程中，有很多無奈，沒吃過太多苦的人，
才會被困住；如果你吃夠苦頭，你就知道，這一關過了還有下一關，
每一分每一秒你都不知道筋骨是怎麼打練出來的，
每天都在培養面對困難的態度。」

——黃日燦

「夏空」是黃日燦印象深刻的一部日劇，這部劇主要講述一位在戰後失去雙親的少女，一無所有的她，在告別哥哥與姊姊後，跟隨養父到北海道拓荒，戰後的工作生活慢慢療癒了她的內心創傷，也逐漸恢復了原本開朗的個性。

一部少女成長史，為什麼會吸引他的注意？黃日燦解釋：「她不順的時候就笑，這是弱者最強的回應。」

風光與辛酸，皆是童年生活的日常

一九六八年，少年黃日燦剛自大同初中畢業，大同初中是當時台北最好的初中，每個優秀學生都想要擠進去的一所名校，而黃日燦在大同初中時，永遠都拿班上第一名。

畢業典禮當天上午，獲頒市長獎的他，在學校無限風光；畢業典禮後，拿了滿載而歸的獎品回到位在圓環南京西路上的水電器材店面兼住家時，正好看到一群債主包圍家中，吵著要錢，有黑道甚至拿著武士刀逼迫父親，如果今天不還錢，就要剁掉父親一隻手臂。

少年黃日燦血氣方剛，看到父親被別人逼債，立刻將手上的市長獎座與獎品往店面後頭一扔，想也不想就順手抄起店內三呎長的鐵管衝出去，準備與對方打架，把現場的黑道嚇得跑出去，誰也沒想到一個年僅十四、五歲的少年竟會如此凶悍。

待黑道回神過來，一群手握武士刀的成年人，面對一位瘦小的少年，當時情景自然凶險萬分，幸好這時黑道人群中有一個熟悉的聲音響起：「黃日燦，他是我小學同學啦，這家的事情我們不要理睬。」大夥隨即離開。原來這群黑道裡有一位年輕小夥子是黃日燦的小學同學，也是幫主的小兒子，因此放了他一馬。「我也算運氣好，要不然我的胳膊可能就少一條了。」黃日燦說。

這是黃日燦最痛苦的初中三年生活，他在學校風光得不得了，不僅是最優秀的學生，還是老師最好的助教，但經常上午高高興興出門，下午回到家就風雲變色。父親為人作保，本來就積欠了一堆債，但沒想到經商也一再失敗，債主、討債公司接連上門，有時連警察也上門，因為當時票據法是要坐牢的，父親只要聽到警察敲門，就得從後巷逃出去。他從來沒有過過一天安寧的日子，但他從沒有讓同學知道家裡的情況。多年以後，父母也才知道，原來兒子初中畢業當天，拿了個市長獎，只是他們沒有去學校，並不知道。

事實上，來自台南的父親，曾經有過一段風光的日子。早年黃日燦的父親被日本人拉去當兵，在上海兵工廠做工事，日本戰敗後，返台看到當時戰後百廢待興，家家戶戶都需要電器用品，於是當起中盤商，直接向製造商拿水電工程的器材，從水龍頭、電燈泡、燈管到水管，再賣給全省各地水電行，生意非常興隆，房子也購置了好幾棟。照理說，只要穩當經營，應該可以繼續過著富裕生活，但黃日燦的父親在生意上是土法煉鋼，會做生意卻沒有生意頭腦，不懂得精算本錢利潤。

早期做生意，大家都把毛利算得很粗糙，因此經常被利息吃掉。進貨成本多少就加幾%，算是毛利，沒想過每塊錢都是借來的，更不知道存貨就是錢，會吃利潤，只要有貨就進，賣不出去就咬牙，咬牙到最後錢不夠，加上借來的錢，一年高達三〇%的利息，很快就債台高築。

此外，生意好時，就找親戚朋友來幫忙，親戚朋友出去跑業務，一方面賣東西，一方面收貨款，但管控不好，有時收了錢卻說沒收到，或是拿去花掉了，導致生意看起來很不錯，實際放到口袋裡的卻沒多少。最致命的地方在於，早年做生意都是靠民間相互周轉，很難向銀行借錢，因為當時銀行幾乎只借錢給國營企業或是大企業，於是民間習慣以票換票的方式去借錢。他父親是老闆，手上的票比較有信用，加上為人老實，經常被人家換票，別人拿了父親的票就去借錢，但別人給他的票卻都是芭樂票（空頭支票）。

一個是錢收不到，被倒債或被親戚吃掉；一個是幫人作保，收了整整兩大鞋盒的芭樂票，僅兩、三年，原本興旺的生意就徹底垮掉。手上數棟房子賣掉還不夠，最後被掃地出門時，只剩店裡的破銅爛鐵，賣了四百八十元台幣。在黃日燦剛念小學時，全家被迫搬到當時大稻埕北邊還很荒涼的大龍峒，在保安宮附近一處充滿味道的廢紙場裡，向別人承租臨時搭建的閣樓。

難忘貧苦歲月裡的溫情

黃日燦有記憶以來，家裡就非常窮困，父親只能去做水電工討生活，終日忙碌沉默。母親不願意出門見人，因為覺得丟人，黃日燦只能從小時候穿著水手服的相片，了解自己的父親曾經有錢過。

當時他已就讀日新國小，搬到大龍峒之後，不願換到附近的小學就讀，只好每天通勤，走過一段田埂到重慶北路去搭二號公車往返。有一次，他的月票放在口袋裡被風吹走了，他卻不跟父母提，而是乾脆每天提早上學，沿著公車路線奔跑到學校，下課後再從公車站牌跑回家。

貧苦的歲月，總有溫情。平常搭二路公車的人，看到原本每天搭公車的小學生，竟然跟在公車後面奔跑，一問之下，原來是車票不見了，車上的人開始接力，上車後把自己的月票從窗戶遞給黃日燦，讓他有票可以給車掌小姐剪票（當時月票有六十格，每搭乘一次就剪一格）。

小學三年級時，父親的朋友支持他出來再開店，全家再度搬回南京西路圓環商業區，在日新國小對面開了一家水電器材行，這一帶幾乎都是一樓當店面，二樓為住家，雖然屬於大稻埕地區，但已屬外圍，真正有錢的人都聚集在迪化街一帶，黃日燦住的那一區，一半是有錢人，一半則是沒錢的貧戶或是混黑道的幫派分子。

當時父親與另一家文具印刷行合租一樓店面，黃日燦與父母，以及幾位來家裡幫忙的舅舅和學徒共六人，蝸居在店後面的天井內，父母住在臨時搭建的房間，他和小舅舅住在天井另一邊僅能容身的小房間，另一個舅舅和學徒則住在另外搭建的小閣樓上。

洗澡的地方是用一塊門板在天井後面圍起來，因為那裡有水龍頭；做菜吃飯的地方則在閣樓下方，誰有空就自己坐下來吃飯，全家唯一會一起坐下來吃飯的日子就是年夜飯。這個習慣即使多年以後，黃日燦也很難改掉，經常是看到桌上飯菜好了，就自顧自地坐下來開始吃飯，「太太常常罵我沒規沒矩，坐下來就吃飯，其實不是沒規矩，這就是我們家原來的規矩。」兒時生活一直深植黃日燦心中。

改變一生的起點

很多認識黃日燦的人，都以「絕頂聰明」來形容他。從小到大，他一直是同學心目中永遠的狀元，在校永遠拿第一名，連最難考的律師高考，都讓他大學一畢業就一考即上。

其實他小學一、二年級在班上的名次都落在十幾、二十幾名，成績並不突出。小學三年級時，他迎來人生最大的轉折點。當時班上忽然換了一位從南部上來任教的新導師蔡天民。這位熱血的年輕老師，為了鼓勵學生念書，宣布月考與期末考都有獎勵。月考第一名給三十元，第二名二十元，第三名十元；期末考則是第一名四十元，第二名三十元，第三名二十元。

「因為老師的德政，為了錢，從此，我再也沒有考過第二名，」黃日燦笑說，他的狀元之路原來是這樣起步的。他算了算，每月有月考，每學期最後有期末考，如果他都拿第一名的話，一個學期就可以拿到一百三十元，當時一碗麵才兩元，有了獎金，他就可以去小吃攤吃一碗滷肉飯。

圓環美食眾多，蚵仔煎太貴，一碗滷肉飯堪慰正在成長中的孩子。他只捨得叫一碗滷肉飯，沒有多餘的錢再來一碗四神湯，小吃攤一個有戽斗的年輕男子，看這個小孩每次只吃滷肉飯，不點四神湯，心想這樣狼吞虎嚥喉嚨不乾嗎？猜到他的錢不夠，便遞了一碗四神湯的清湯給黃日燦，這一遞就長達兩、三年不斷，每次他來吃滷肉飯，男子就會附上免費的清湯給他。

「我對他非常感謝，真是有人情味，所以人間到處都有好人。」至今黃日燦依舊常常回到圓環附近吃一碗滷肉飯，雖然兒時的味道已改變，但是溫暖的記憶依舊存在。

小學三年級的開竅，對黃日燦的意義至關重大，不僅是了解努力就有回報，他也體悟到：「當你拿第一名時，大家就會看得到你，生活也可以更好、更有意思。」從此他除了成績都拿第一名外，也開始代表學校出去比賽書法、作文、演講，而且都拿了不錯的名次回來。

黃日燦除了在班上拿第一名，全校每次的模擬考，全年級幾百位學生的成績都會貼在牆上展示，他從來不去看他排名第幾，因為他永遠都是第一名。多年後的一天，明基及友達創辦人李焜耀邀請他到企業上課，一見到他就表示，他的妻子一定要認識他。原來，李焜耀的妻子小時候也念日新小學，從小就一直看著牆上永遠的第一名叫做黃日燦，今天終於看到本人。

家窮志不窮，從閱讀中學習做人處事

有段時間，黃日燦家裡稍微寬裕一點，從原本店後的天井搬到附近中央戲院旁邊巷子裡租來的小空間，他終於有一張自己的小桌子，於是開始練起毛筆字，他的書法字寫得還不錯，至今仍經常保持練字。

除了毛筆字外，他從小就非常喜愛看書，高中同學對他另一個深刻印象是他博覽群書，從自然、人文到歷史，各方面知識都兼備，而最令同學納悶的是，高中幾次到他家去，店面二樓的家中非常擁擠，在這樣中下階層的狹小住家裡幾乎什麼都沒有，更看不到一本書，不知道黃日燦的書是從哪裡看來的？

書很貴，連溫飽都成問題的家庭，自然不可能給小孩子買書，黃日燦那時是躲在朋友的家裡，有什麼書就看，從有注音符號的東方出版社青少年叢書看起，到後來大人的書也都看，包括武俠小說、左派的書、言情小說、無名氏的《北極風情畫》、《塔裡的女人》，甚至是當年女作家郭良蕙的禁書《心鎖》等等，他都拿來看。

他尤其喜歡看歷史小說、人物傳記，但他感興趣的不只是人，而是這些書裡提到人與人之間的組織生態與行事條理。當可看的書都被他看完之後，小學時他想了一個方法，乾脆提倡在班上設立班級圖書館，鼓勵每位同學定期拿兩本書來分享，他負責收書保管，一年半的時間裡，他又繼續飽覽各類課外書籍。

博覽群書也使他早熟。五年級時，他特地寫了一封文情並茂的情書給一位心儀已久的女同學，託同學轉交，沒想到當事人沒收到，反而是被別的女同學拿去，一狀告到校長去。這可是全校大新聞，全校永遠的第一名竟然寫情書給女同學。

校長要他認錯，老師也對他說，只要認錯就可以回家，但黃日燦堅決不認錯，他對校長說，他只是寫情書而已。後來老師還是讓他回家，這又是功課好的額外好處，師長比較寬容，頂多叫他回家去懺悔。但黃日燦還是很生氣，那個學期都拒絕參加所有校外比賽，結果學校因此沒有獲得任何課外比賽名次，後來經老師勸說，隔了一學期，他才點頭答應再度參加校外比賽。

閱讀一方面讓他早熟，一方面也形塑他做人處事的性格，他從閱讀中獲得了思想與處世的啟蒙。尤其是人物傳記，例如《基度山恩仇記》，讓他看到主角如何吃苦、如何復仇，以及最後如何放下。

真英雄，不為環境所困

「假如你長大才看傳記，這些都僅供參考；但如果你很小就看傳記，就會看到骨子裡，我後來某種程度就是因為這些傳記跑到我內在裡，吸收變成我自己的一部分。」黃日燦說，其中影響他至深的人物，是著名武俠小說作家古龍的經典名著《絕代雙驕》，其中的雙胞胎兄弟：小魚兒。

武俠小說當然不能算傳記，但是古龍所虛構出來的《絕代雙驕》男主角小魚兒的成長故事，卻深深打動了處於貧困之境的黃日燦。這部早年膾炙人口的經典武俠小說《絕代雙驕》，描述一位自詡「天下第一聰明人」的古靈精怪少年小魚兒，原與另一位英氣勃發的少俠花無缺是雙胞胎，因為命運的關係，出生後就被迫分開扶養。花無缺成長在名門正派的富裕之家，小魚兒在環境惡劣的「惡人谷」長大，無父無母的他，從小就被迫接受各種嚴酷的對待，造就了個性截然不同的兩人，花無缺端莊正派，小魚兒亦正亦邪。

少年黃日燦將小魚兒這個個性鮮明的人物，投射在心理，不僅影響他青少年時期做人做事的態度，至今他在面對某些事情時，也會很自然而然地說：「我就是小魚兒的個性，所以……。」

一個虛構人物小魚兒，為什麼帶給他這麼大的影響？他認為成長於苦難的小魚兒雖然辛苦，但是不會給自已挖個坑跳下去就死掉。他既玩世不恭，又有為有守；武功不是最強，卻經常替別人解決問題，這很不容易，但他都讓人覺得很容易。即使他也有吃鱉之時，但他總有「吃鱉就吃鱉，不然要怎樣」的自在，只有花無缺才會捶胸頓足。

黃日燦相信古龍創造這個人物，是反映現實世界中大部分的人在生存上都像小魚兒一樣，只是不同程度；而花無缺是很多武俠小說作者的夢想人物：做什麼都對，有教養，武功強，人又英俊漂亮，可說是三輩子修來的，但也只有小說中才有，現實社會中找不到，而小魚兒這種人卻到處都有。

「古龍這一點對我幫助很大，他給我心裡武裝，有一個 role model，就是小魚兒在那裡啊！」黃日燦成長過程中有很多無奈，小魚兒讓他體悟到，與其被現實困住跳不出來，一味自怨更糟糕，因為解決不了問題。古龍創造出來的小魚兒，也就成為他少年時的救贖，讓他釋懷為什麼周遭的同學生活都很安定，又有自己的房子可住，他卻要過得這麼辛苦。

雖然他與家人及親戚同住在擁擠的屋簷下，但彼此感情並不親密。平常大家各行其事，母親雖然把他當寶，很疼他，但是活在過去，走不出來，一家子經常爭鬧不斷，親戚都怪沉默寡言的父親經營不善，導致今日局面，也讓他至今「很討厭在飯桌上吵架」。

苦痛歲月，鍛鍊成長的筋骨

那時，他經常躲在他與舅舅睡覺的小房間裡，拿著別人送他的陸軍塑膠像，一套二十幾個各種造型的軍人，將毛毯往床上一拋，當做山頭，接著展開兩隊的廝殺，他一邊設計如何防守，一邊忙著進攻，一個人玩很久而樂此不疲，「某種程度，那有點像是我的安全港。」

小學時，因為大家無論在校或放學後都穿著制服，貧富之間的差距比較感覺不出來，直到有一天，導師看黃日燦成績很好，要他報名課後補習（早年教師課後為學生補習風氣很盛），因為他是指標人物，他若來補習，其他同學也會跟著報名。黃日燦沒理會，一方面他覺得沒必要，更重要的是家窮，所以沒跟父母說，但是老師不放棄，又找上他的母親遊說，黃日燦的母親礙於面子只好答應，這時黃日燦忍不住對老師說：「我們家沒錢，不好意思。」

這件事讓老師大為吃驚，因為黃日燦家裡是開店的，沒想到如此貧苦，最後老師還是「請」他去補習，不收錢，甚至買了一張摺疊桌椅給他，方便他補習時使用，在「盛情難卻」之下，他也就每天利用補習時間念書與寫完所有功課。

黃日燦懂得靠拿第一名賺錢後，他的生活雖較以往開闊，但他對環境的不安全感卻日益增強。家裡起起落落，有時經濟狀況差，又得從巷子內的小房間搬回店面後方的天井搭房住，或是搬到店面的樓上暫租，「永遠不曉得明天會不會垮。」

大人們的憂慮，經常在吵架中浮現。例如，黃日燦的父親被找去麵攤喝酒，進了一批不該進的貨；家裡生意來往的人，很多都是用芭樂票換支票，出事了就不見人，父親只好去借高利貸，被利息壓垮時，債主就翻臉不認人，三不五時上門討債，嚷嚷著要砸店。

黃日燦也無法置身事外，需要打架時，只有他衝出去；需要典當物件換取柴米時，大人都要面子，全躲起來，指派他去。小小年紀的他，有時獨自在街道上滾著一個裝電線電纜的大輪子，一路從家裡滾到中央戲院旁的當鋪裡去換一點錢，沿路大家都在看，他覺得再也沒有比這個更丟臉的事，總是在心裡默默希望這是最後一次。但事實上還有更多他口中「狗屁倒灶」的點點滴滴，磨練著他成長的筋骨。

從小就對人生體驗深刻，在街頭長大的他感慨地說：「假如你吃夠苦頭，你就知道，It's just one of those days.（這只是其中一天）這一關過了，還有下一關，你還會繼續倒楣，還會更慘，所以千金難買少年貧，我完全同意，因為每天每一分每一秒，你都不知道你的筋骨是怎麼打練出來的。每天都在培養面對問題的態度。」

第二章 永遠多一分準備：

從大同初中到建中的不敗傳奇

「讀書好比打球，你早到一分鐘就多一分鐘的悠閒與準備，就打得比別人好，你晚到一分鐘就是勉強，日積月累就有差別。」

——黃日燦

雖然黃日燦自詡小魚兒，鼓勵自己要樂觀向上，但難免逐漸有偏激心態，覺得人世間醜惡是常態，人性非本善。這樣的情況到他考入當時初中聯考的第一志願大同初中，班上同學來自北部各地，他就更隱藏自己，從來不主動跟同學聊隱私，免得同學知道自己家裡的事。

進入初中後，少了月考獎金，清寒獎學金也申請不到（因為家裡有做生意，不符合申請資格），父親的生意也一再失敗，黃日燦於是利用寒暑假到父親的工地去做粗工，靠打工賺取自己的生活費與學費。

一堂課領悟數學要領

大同初中既是第一志願，考進去的學生都是北部各小學的優秀學生，黃日燦依舊在這群學生中頂尖拔萃。他仍舊在嘈雜而備受債主威脅的環境中專注念書，即使讀到一半被打斷了，起身去招呼上門買東西的客人，回來還是可以接著念到一半的地方繼續念，絲毫不受影響。

大同初中的老師教學認真又嚴格，他在初中時，各學科都打下了很好的基礎。他的英文尤其好，他還記得英文老師的名字叫高美珍，到現在他仍非常感激這位老師，因為她把大家逼得很緊，要求大家強記字典裡的英文單字與文法書。初中三年，他背了整整十本英文文法書。方法看來簡單粗暴，卻使英文打下非常扎實的基礎。黃日燦是認真念書的好學生，加上他有絕佳的記憶力，詞彙與文法實力堅強，後來也成為老師的助教，幫忙出考題。考入建中後，他的英語能力甚至還超越英文老師，會在上課時糾正老師的錯誤。進入大學後，依舊不太需要念英文即可應付。

除了英文外，黃日燦的數學也非常好。不過，剛念初中時，他對代數、幾何一竅不通，他是獨生子，沒有人可以問，也沒錢補習，只好自己默默將幾何課本背得滾瓜爛熟，但還是搞不懂，後來多虧同學帶他去補習班旁聽，剛好數學老師在講幾何，黃日燦聽了才知道，原來幾何要靠推理，不是死背，他背了半學期才知道。那是黃日燦唯一去補習班旁聽的一堂課，因為沒有錢補習，也不願意花這個錢，但他的數學從此變得很好，還能當小老師教同學。

唯一讓其他同學感到安慰的是，這位天才學生也有不擅長的地方，那就是音樂與繪畫。從小到大，同學與好友都知道黃日燦是音癡，無法分辨音調高低。小學時，碰到大合唱，老師還特地請他站出來，只要幫忙大家看儀容是否整齊，免得他五音不全，擾亂大家的合唱。同學們一致的感想是：「上帝還是公平的。」

黃日燦先天色弱，但高中同學卻很佩服他，因為考摩托車駕照時，他竟然把測色盲的書都背起來，並通過了考試。黃日燦從小就搞不清楚顏色區別，表示「家裡從來沒有人畫畫，有些顏色更是從來沒有見過，」所以他喜歡寫毛筆字，因為黑白分明。

初中畢業那天，他拿鐵管與上門討債的黑道對峙，是他最痛苦的時刻。後來，黃日燦跟父親說，不要再做生意，他不想再過這種忽起忽落的日子，也不想有大筆債務得幫忙償還。於是，他考入建中之後，父親就不再做生意，只做水電小工程，雖然還是會碰到被倒帳虧錢，或是算錯工錢、工程延誤的情況，至少可以溫飽，不會再被追債。

進入名人輩出的建中天下第一班

建中三年，他過得充實愉快。由於大同初中是有名的建中保送學校，黃日燦大同初中班級裡五十幾位同學，就有三十幾位考入建中，他在建中也申請到不需要清寒證明的優秀獎學金，可以繼續養活自己，開始積極參加學校活動，如踢足球，展開交遊廣闊的高中生活。

高二下學期時，他進入社會組，這個班在建中號稱「天下第一班」，因為當年讀書風氣「尚理工、輕人文」，高二分組後，只有七十幾位學生要念社會組，其他學生都選擇念理工。當時一班大約五十幾人，與其將七十幾位同學拆成兩班，增加師資，學校乾脆合併成一大班，教室不夠坐，就在教室外的走廊窗邊加放一排桌椅，因此號稱天下第一班。

高中同學口中，黃日燦在建中就很有名，因為他是出了名的優秀學生，從日新國小就一路全校第一名到大同初中，即使進了人才濟濟、匯聚全台最優秀學生的建中，他依舊成績優異。

「第一次考試，他的成績就超過其他同學滿多的，尤其數學、英文特別好，」高中同學說，本來念文組的人在英文及國文方面都有一定水準，但是高二下才從理工組轉到社會組的黃日燦，國文也非常突出，尤其古文念了不少。

這個「天下第一班」還有一個特別之處，就是名人輩出，前駐美代表高碩泰在回憶錄《從三等祕書到駐美代表》一書中提到，他在建中的班上：「出了一個總統兒子（李憲文）、總統女婿（賴國洲）、企業家二代（辜啟允）、立法委員國大代表（吳東昇）、國際大律師（黃日燦）、同步傳譯專家（陳彥豪）、籃球國際裁判（馮同瑜）等。」高碩泰指出，這一班非常特別，「幾乎每個同學都侃侃表達對各種時事的見解。」

黃日燦回憶建中歲月，這個班什麼樣的人才都有，中午吃飯時是最精采的時刻，大家三五成群，有人談國共戰史，鉅細靡遺，講得比歷史老師厲害；有人專門研究地理，所有山川五嶽都滾瓜爛熟；有人擅長藝術繪畫；有人對中美關係研究深入；有人則是已經開始聽BBC短波新聞、日本NHK廣播，後來這個班在大學聯考時，有多達二十幾位都是各科系的狀元，同學間感情極好，到現在依舊經常聚會見面。

要自己會玩，又會念書

高中時，黃日燦完全以「小魚兒」自居。《絕代雙驕》裡的小魚兒，瀟灑不羈，絕頂聰明，又高深莫測，黃日燦擺脫初中時勤奮念書的乖乖學生形象，口若懸河，英文老師最慘，剛開學上課就被坐在台下的黃日燦直言：「老師，好像不對喔，文法不是這樣子。」氣得老師去跟校長理論，但事後不了了之，因為黃日燦的英文確實比老師好。

他一方面在學校踢足球，一方面找外校女生辦聯誼，有時也會蹺課去打撞球、到碧潭划船，把高中當大學，挑想上的課去上，只要是體制內的課他就不想上，覺得無聊，雖然有些叛逆，但體制外的知識，他卻主動大量吸收。

他既讀梁啟超的《飲冰室合集》，也看一般人不會特別去看的《孫文學說》，將孫文早年各種學說著作讀得津津有味，他說：「我覺得很先進，孫文有自己一套邏輯，他的民族、民權、民生為什麼會這樣思想，是有他的道理。」

當時社會組學生規定要參加暑修，他們建議學校找師大歷史系的名教授孫靜山來教魏晉南北朝佛教史，即使聯考不考，黃日燦和很多同學都搶著去上課。雖然得靠打工及獎學金養活自己、繳學費，但是他還報名了民間的日文補習班，非常用功，學了一年多的日文，就具備可以寫簡單日文書信的程度。

明明生活拮据，用錢得量入為出，但某種程度，他並不愛錢，對黃日燦來說，錢夠用就好，他不想花太多時間拚命打工、賺生活費，只要錢賺到夠用的程度，他就立刻停下來，把時間拿去做他認為有意義的事。

凡事比別人多一分鐘準備

小學三年級以後，他就沒再拿過第二名，高中同學說他的邏輯觀念特別強，數學頭腦也一流。但實在看不出來他讀書的方法，因為都沒看到他在念書。黃日燦笑說：「建中最偉大的校風，就是一定不要讓人家知道你有在念書。其實我們有在念書，只是沒給別人看到而已。」他確實有一套獨特的讀書方式，讓他學什麼都能很快開花結果。

從小到大，只要開學時剛發下新書，黃日燦一定超前把所有科目的課本全部看完。他的經驗是，無論是歷史、地理、國文，課本內容的編排有一定的道理，只要不把它當課本看，閱讀時就會發現有趣之處，「一開學大概都超前讀了，看懂多少算多少，在瀏覽過程中會有一定的領悟。」他指出，很多老師上課時，為了應付聯考，都是用填充題的教法，沒有起承轉合與微言大義，非常無聊。但若是自己看的話，從頭閱讀到尾，就會先了解一本書的邏輯，等到老師上課時，隨便提到哪一段，因為自己已有全盤的了解，就不會被片段帶著走，所以上課時，老師講到哪一段，他就會立刻有印象，不會銜接不上。「這就好比打球，你早到一分鐘就多一分鐘的悠閒與準備，就打得比別人好，你晚到一分鐘就是勉強，日積月累就有差別。」

再來是背誦，黃日燦的記憶力極好，但是專注力更好，他會利用上學通勤，擠在公車內的瑣碎時間，專心背英文單字，而且是背字典，認為背字典有一個好處，就是每個英文字都會有例句，可以看這個單字如何應用在句子上，加強對單字的印象，久而久之，字彙背得多了，英文就打下扎實基礎。

他是別人眼中的天才學生，但黃日燦認為自己在念書上一點都不特別，每次考第一名容易嗎？其實並不容易，尤其高中時，他既愛玩，又瀟灑不羈，表現出什麼都不在乎的樣子，可以念書的時間自然就比較少，當然要利用時間，比別人更加專注，「我只是自我要求高，別人命太好，從小不需要這樣，我家裡每天都吵，我如果不專注，我要等到什麼時候才可以念書？」

莫欺少年窮，埋下日後伸張正義種子

一九七一年，大學聯招放榜，黃日燦考上台大法律系司法組榜首，他的聯考成績之高，不僅拿下全國社會組丁組第二名，就算拿掉任何一科分數，他的分數還是足夠進入台大法律系。

以他這樣的成績，可以填台大更好、更熱門的科系，但是大學聯考時，他堅持只填四個志願，依序是台大法律系司法組、台大法律系法學組、政大法律系、東吳法律系，他完全不考慮其他科系，後來在老師、教官的勸說下，才再增加了一個志願，以免意外落榜。

這位師生眼中的天才學生，明明數理很好，卻堅持念社會組；明明分數很高，卻堅持只填法律系，從未改變志願過。家裡既無法律背景的親戚，看起來跟法律從未沾上邊，為什麼一個才十八歲的少年，如此堅持法律志向？

時間要回到黃日燦小學三年級的夏天，他與幾個朋友跟鄰居借了一張涼蓆，跑到馬路中間的分隔島鋪上草蓆納涼，沒想到警察跑來驅趕他們，還要沒收涼蓆。他想討回涼蓆，因為這是跟鄰居借的，但警察要他去警察局，到了局內，警察叫黃日燦躺下來，用涼蓆把他捲起來，幾個警察在地上用腳將他推過來推過去幾圈後，才將涼蓆還給他。

十歲的黃日燦內心憤怒無比，他忍受著被大人戲弄的屈辱，等到警察說，你可以將涼蓆拿回去了，他從地上爬起來，拿著涼蓆，走出警察局沒幾步，轉身就對著警察破口大罵，然後趕緊跑掉。這段童年經歷埋下他立志當律師、伸張正義的種子。

另一個更務實的原因是，他認為自己是一無所有的人，而律師這個行業不需要身家背景，只要自己夠厲害，一個人就可以伸張正義，因為律師是獨立執行的職業。這也是為什麼他堅持只填法律系的原因。

第三章　會玩又會讀書的學霸：

同學眼中的台大法律系狀元

「我選擇法律行業，本來就是為了公平正義，要改變社會，法律是很重要的工具與手段。」

——黃日燦

黃日燦剛進台大法律系時，由於他的聯考分數太高，大家都想看看這位全國社會組丁組榜眼是何人，偏偏大一新生訓練他缺席，系上老師也就理所當然地認為一定是分發錯誤，這個高分榜眼怎麼肯「降級」到法律系來？肯定是申請重分發到當時最熱門的台大國貿系了。

開學第一天，黃日燦遲到走進教室，教法學的老師看到他，訝異地問：「黃同學，你不是分發錯誤嗎？」黃日燦才知道大家都以為他不來念了。能考上台大的學生，當然都是畢業自全省最好的學校、成績最優秀的學生，不少人都有傲氣，但是大學好友表示，大家碰到黃日燦就沒轍，因為看到比他們更優秀的人。

課業之外，展露生意頭腦

黃日燦的大學好友、新光保全前董事長林伯峰，剛進大一就對黃日燦印象深刻，半開玩笑地表示：「台大很過分，每位新生都是按照分數高低來給班號，黃日燦是第一名考進去，所以是一號。」他們兩人至今都是好友，林伯峰大二時，參加台大青年社，擔任總編輯，因為黃日燦文筆好，口才也好，於是力邀黃日燦加入台大青年社，兩人才開始變成好友。

林伯峰分析說：「世界上有三種人，第一種人是trouble maker（製造麻煩的人），第二種人是能力高一點，發現問題的人；第三種人能力最高，是解決問題的人。」他認為黃日燦就是屬於解決問題的人。

在林伯峰眼中，黃日燦在學校非常風趣，又絕頂聰明。黃日燦知道家裡很窮，很多事情都得靠自己去克服，但他從來不自卑，一直樂觀以待，從不垂頭喪氣，充滿了正能量。「我很少看他嘆氣，他也從來沒有抱怨過，對他來講沒有什麼難事，真是不簡單，我很佩服，」林伯峰說，同學若有問題找黃日燦，他就像大哥一樣熱心，會幫忙解決問題。

甚至，黃日燦還會在考前給幾位沒念書的同學惡補一番，他挑重點、講概念，結果有的同學甚至該科成績考得比他好。大學四年，林伯峰從來沒有看過黃日燦念書，不僅每次都是班上第一名，還年年拿書卷獎，「我們兩個都是不用功的學生，但我不用功念書就很緊張，吊車尾了，黃日燦不用功卻還是能拿第一，如果不是半夜去教務處偷試卷，怎麼可能做到？他腦袋好，看書、理解都很快。」

黃日燦的大學同學對他另一個印象深刻的地方，就是他經常提著公事包，裡面有布料的色票（賣布的樣本），還有文具。這一點又是黃日燦讓大家佩服的地方。或許班上也有其他家境不好的同學，但是沒有人像他這樣，不介意自己家窮，光明正大地在班上賣布、賣文具，賺取自己的學費與零用錢。

為什麼特別挑布來賣？

黃日燦上高中以後，家裡比較安定了，經濟壓力雖然沒有以前大，但他還是不跟家裡拿錢，靠寒暑假打工及拿優秀獎學金，繼續養活自己。大一時，他是台大法律系狀元，又是聯考丁組榜眼，找家教不難，但他不是有耐心的人，教了半天，學生還聽不懂或是懶惰，他就沒耐心了，所以一個學期還沒過去，他就不教了。

他領悟到自己不適合當家教，正好當時新光合成纖維推出新產品——不會起皺的布，顏色也多，黃日燦與新光集團吳家四兄弟的老么吳東昇，從初中開始就是同班同學，一路念到建中，高二後也同班，大學也同班，黃日燦大學學號是一號，吳東昇是三號。黃日燦的家住在南京西路靠近赤峰街與承德路這一端，吳東昇正好住在南京西路靠近迪化街與延平北路的另一端，兩人在成長歲月裡，一直是非常要好的同學與朋友。

黃日燦問吳東昇是否可以批布給他去賣，於是吳東昇介紹公司內一個專做布的聯絡窗口給他，讓他去批布，他只要拿目錄找人買喜歡的布，再依據客戶訂單去窗口剪布送貨，就可從中賺錢。一九七〇年代，成衣尚不普及，女同學身上穿的衣服大多是買布找裁縫師訂做，透過吳東昇的幫忙，黃日燦因此得以向新光集團旗下的新光合成纖維批發布，再轉賣給同學，賺取生活費。

當時黃日燦隨身攜帶一本黑色記事本，裡面詳細記載了北部各校漂亮女同學的聯絡方式，他深知漂亮女同學為了裝扮自己，買布的意願更高，所以透過關係聯繫到北部幾個大專院校的漂亮女同學，請她們當「樁腳」，負責招攬與登記該校買布的人與尺寸，再將登記單及收到的錢拿去新光剪布，交給「樁腳」交貨，條件是這些「樁腳」買布可以打折。透過這個布樁的安排，黃日燦只要負責跟這些樁腳聯繫就好，由他們幫他擴大行銷範圍。

因為筆記本上記載的都是各校漂亮女同學的聯絡方式，有的同學開舞會想向他要，但是他分得很清楚，生意歸生意，其他免談。

「我通常賣兩個月的布就賺夠一年的生活費了。」黃日燦兩個月賺的錢約有一、兩萬元，足夠他一年的生活，錢夠用就好，多出來的時間他可以做別的事。對於這些多出來的時間，黃日燦也不是都拿去上課，事實上，大學四年，他僅花三分之一的時間在法律系教學精采的課程，以及軍訓、體育這些不上就會被當掉的必修課，其餘時間都神龍見首不見尾，但他依舊年年拿書卷獎。

讀書講方法，時間用來做更值得的事

一方面，他上課時表現非常好，「都雄辯天下，」與老師對答如流；另一方面，他用那套獨特的讀書方式，學期開始拿到新書很快地全部看過，熟悉每本書的內容脈絡。

他喜歡看書，即使是教科書，他認為寫得再爛都有它的條理，「你不要分段看，而是整個看過去大概知道在講什麼，事情怎樣演變，契約從成立、執行、效力，如果都遵守會有什麼樣的結果，不遵守的話又是什麼樣的情形等，都有邏輯，」看完一遍之後，大致就了解了一半，因為人世間的情理法就是這樣。

很多人不願意去念法律系，認為要背法條很痛苦，也擔心記不起來，但其實真的不需要死背法條。黃日燦的方式簡單有效。首先，先把書全部都看過，黃日燦稱之為「正常管理」；接下來，聽說哪個老師的書寫得好，他就特地去翻閱，看看這個老師在法條上有哪些獨特的見解，為什麼跟其他人講得不太一樣？有哪些不同的解釋空間？他稱之為「異常管理」，如此一來，就能培養不同的見解，考試時基本上就有七十分了。

把上述這兩項做完之後，他才開始背法條。這時，他會先把小本的六法全書拆開，將主要的幾個法律，包括憲法、民法、刑法等，都拆分成薄薄的一本，利用等公車的零碎時間背，因為先看過書，對教科書有印象，所以背法條時，就更能懂得法條背後的邏輯，自然容易記得起來。

尤其早年的法律都是專家立法，立法院只是通過而已，所以非常嚴謹，且條理分明，很容易看得懂。因此，即使他不常上課，有時甚至比去上課的人對課程有一定的掌握，加上考試前勤奮讀書，就算考試時忘了一些，但仍然有內容可以寫，才能常保第一名。

在他看來，大學生活中，念書是最容易的，因為很多時候，書可以在以後補念，所以念書之外，他盡量參加各種不同活動，在還未被工作綁住的年輕自由歲月，從活動中體驗形形色色的人事物。

但狀元也有差一點畢不了業的時候。

大一時，一位教國父思想的老師在課堂上授課，黃日燦從高中就熟讀孫中山早年著作，剛開始還會很俏皮地提出一些問題，但有一次，老師談到國父思想的育樂兩篇著作，他立即反駁老師，指出國父孫中山先生在他自己的演講裡，從來沒有講過育樂。老師的回答讓他不滿意，他繼續反駁說：「那是你事後詮釋，說這是國父思想，那我也可以事後詮釋說，這不是國父思想。」結果雙方鬧僵了，老師生氣地對黃日燦說：「出去！我不要你這個學生。」年少輕狂的他，本著此地不留爺，自有留爺處，書包一背也負氣離開。腳踏出教室後才知道事態嚴重，國父思想這一門課被當掉的話，就畢不了業。有同學幫他出主意，建議他去上法律系或是別系其他老師開的國父思想課，但卻沒有一位老師敢收黃日燦，原因是不想得罪那位有背景的老師。後來多虧當時政治系系主任幫他疏通，請那位老師息怒，黃日燦才又再回到國父思想課堂繼續上課。

這次教訓讓黃日燦體悟到，「你可以槓，但不能決裂，要決裂的話要先搞清楚後果。」

參加保釣運動，對人性有更深了解

大學另外三分之二的時間，黃日燦一方面參加學校社團及保釣運動，一方面加入校外的道德重整社團，尤其是道德重整社團影響黃日燦一生甚巨。

建中三年級時，保釣運動風起雲湧，不少建中學生慷慨激昂地想參加保釣運動，但因為高中生缺乏組織經驗，「一出校門就解散了，因為也不知道要去哪裡。」到了黃日燦大一時，台大學生的保釣運動不僅分主流派與非主流派，還有其他派別，例如鄉土文學派、民族文學派等。黃日燦剛進台大時，正好台大醫科學生王復蘇剛當選台大代聯會主席，宣布成立「社會服務軍」（後改為社會服務團），號召大學生走出校園到偏鄉服務，像「慈幼社」、「登山社」等專門做育幼扶老等社會工作的社團，都是從那個時候開始的，影響深遠。由於代聯會設有學術股、活動股及康樂股等，黃日燦自幼一起長大的好友、台大土木系的陳正輝，極力拉攏他加入代聯會，陳正輝擔任康樂股總幹事，黃日燦則擔任副總幹事。

當時保釣運動已經接近尾聲，黃日燦記得保釣運動最後一次要去抗議遊行時，由於他在校外參加道德重整社團已經累積豐富主辦活動的經驗，深知一個遊行隊伍出去，最重要的兩個關鍵必須拿捏好，一是維持秩序，二是喊對口號，「只要抓對這兩大關鍵，百分之八十就搞定了。」

如果隊伍失序，很容易就被有心人士滲透隊伍，製造爭端，甚至故意挑起群架。但要維持龐大遊行隊伍秩序相當困難；當時黃日燦突發奇想，規定遊行隊伍兩側的學生必須是幹部或是熟識且熱心的學生把守，兩側學生再拉起一條繩子，既能維持遊行動線，也能防阻有心人士插進隊伍。若有其他民眾想跟進，就在繩子外面一起走，但繩子圈內只能是自己人。其次是遊行口號。年輕人氣血方剛，大家在想口號時，愈想愈偏激，最後變成打倒小日本。黃日燦認為釣魚台雖然有爭議，但是遊行的初衷是為了彰顯主權，強調台灣要自立自強，並非要把所有日本人都當做是壞人打，所以建議大家將口號改為「自立自強」、「抵制日貨」就好。從這件事情可以看出黃日燦的謀略能力與冷靜個性。

在烈火青春的保釣運動裡，黃日燦既是熱心參與者，也是一個冷靜的旁觀者。他既興奮曾經參與這個歷史性活動，但多少也有些失望，這個失望帶給他很多省思，雖然他從小在街頭長大，接觸不少人，但保釣運動讓他接觸更多、更複雜的人。他看到在這場運動裡，形形色色的人都有，有人在背後默默做事，有人專門等到攝影機一出來，就趕緊站上台去慷慨激昂發言；有的人講話冠冕堂皇，滿嘴道德仁義，後來的行為卻幾乎判若兩人；有的人在順境時是好人，但不順時就露出許多問題。

黃日燦感慨地說：「其實人到最後就是你的 integrity（正直），不管你的思想是什麼，你有 integrity，你才真的是一個咖。」一場轟轟烈烈的時代運動，一群熱血青春的大學生奮起參與，有大統派、台獨派、職業學生等各方人馬，但他看到大部分的人會停在某些地方裹足不前，或是做得不夠；有的人對自己寬容，想的都是要如何影響別人，卻從不想如何改變自己。

「你是在搞運動，是在影響別人，但你其實沒有改變自己。」相形之下，黃日燦所參加的校外團體道德重整社團，強調從改變自己開始，就顯得格外珍貴，也影響他一生做事的準則。

加入道德重整合唱團，奠定一生做事準則

在黃日燦的人生長河裡，有幾次重大轉折，翻轉了他的未來。

第一次人生轉折發生在他小學三年級，原本在環境裡隨波逐流的他，碰到用獎金激勵學生用功的老師，讓他很早就體會到，靠自己的努力，原來可以讓生活變好一點，被人看到。他從此成為日新國小、大同初中、建中及台大法律系永遠的第一名、不敗的傳奇。

第二次轉折，發生在高三畢業時的暑假，他參加道德重整社團，從此成為定錨他人生態度的力量。

道德重整社團屬於世界性的組織，一九二〇年代，由美國路德教會牧師法蘭克・卜克曼（Frank Buchman）博士發起，以大學生為主要對象，最早在牛津大學開始，強調「道德與精神的再武裝」，宣揚道德和精神重建從自己開始做起，後來命名為Moral Re-Armament（道德再武裝，中文名稱為道德重整，簡稱MRA）。一九三〇年代，各種意識型態紛起，納粹運動崛起，自由主義及共產主義興盛，MRA也因此應運而生，強調要用對的意識型態去打敗錯的意識型態。如果想要改變世界，就要先從改變自己做起。後來受到各國朝野領袖和社會名流重視，因此蔚為世界風潮。在台灣，一九五〇年代，當時何應欽將軍因為受邀參加世界道德重整大會，受到感動，回來後就成立中華民國道德重整協會，後來更以合唱團的方式，讓年輕人容易親近接受。

時間回到黃日燦高三畢業的那個暑假。他從大同初中開始，有三個死黨好友，分別是吳東昇、陳正輝、吳偉光，四個人從初中到建中，讀書、玩樂都常在一起，後來更一起進入台大，黃日燦是台大法律系司法組第一名，吳東昇是第三名，陳正輝念台大土木系，吳偉光則進入北醫念醫學系。

家裡是迪化街生意人的陳正輝，高二那年，第一次邀請黃日燦參加每週六下午的道德重整合唱團聚會，黃日燦一去發現都是官二代、富二代參加，加上他自己本身對唱歌沒興趣，就再也不去了。高三畢業時，陳正輝再度邀請他參加，聚會時間改為週日，這次黃日燦發現合唱團團員盛極而衰，變成寥寥十幾位，而且聚會時正在做自我檢討，與他原來以為紈褲子弟、富家女吃飽飯沒事幹，只是唱唱跳跳不一樣，便開始加入。

有件事讓黃日燦更為改觀，那就是一位有口吃的工專學生，在某一次的檢討會中表示，團員之所以減少，一定是老團員不夠關心新團員，只顧跟自己熟悉的人來往，這位工專學生下定決心，以後每週日下午的聚會，一定提早半小時來，在門口迎接每一個人。黃日燦沒想到他說到做到，一個簡單的承諾，一個不簡單的決心，讓他開始正視這個團體。

用行動，活出生命信念

進入台大後，黃日燦更將三分之一的時間都花在校外這個團體上，甚至可以說是他大學最重要的生活重心，他在道德重整合唱團接觸到的人，其身教與言教，完全改變了他原本對人性悲觀的想法。

第一位扭轉他對人性看法的是，當時有名的牙科醫師朱光潤女士，她的先生周宏濤是當時行政院主計長。人稱朱大夫的朱光潤，對於道德重整協會要從改變自己開始做起的信念，非常虔誠。由於當年道德重整協會常會免費讓團員出國參加世界各地的道德重整活動，一九七〇年代，出國不容易，有些人進入道德重整協會的動機難免不純，希望藉此免費出國。當時已經開始擔任道德重整合唱團學術總幹事的黃日燦，經常接觸這些早年參加道德重整協會裡的大人物。

黃日燦至今記得朱光潤對他說，雖然每個人來參加道德重整協會都有不同動機，但一個人講假話時，你若把他的假話當真，久了他可能做真的了；有些人滿嘴仁義道德，只要他不承認自己是壞人，就把他當好人看，久了他多少要做點好事，說不定他也發現，與其做假好人，不如做真好人。「千萬不要因為有人掛羊頭賣狗肉，就不相信人性，最重要的是你對這件事的感受與經驗。」朱光潤的這些話一直深深影響黃日燦日後的待人處事。

因為成長環境，黃日燦的心態其實有些偏激，對很多事情看不慣，或是打從心裡不相信人性本善，但他卻在朱光潤身上看到了正面思考的力量，「即使我們年輕人做得再爛，她都可以找到肯定我們的地方。」

後來朱光潤因癌症住院，黃日燦經常去探望她，她也從來不談自己的病痛，躺在床上開口只關注道德重整合唱團的情況，以及黃日燦的生活；甚至，她因病很多外人不見，卻特別叮囑家人，黃日燦來了，一定見他。朱光潤過世時，黃日燦特別寫了一篇感人的悼文，在告別式上念出來時，現場許多人都感動落淚。他說：「我看到一個生命真正相信一件事，不是說或是做而已，而是活出來。」

另一位也是年長女性、麗嬰房董事長林泰生的母親林黃彩霞，她當年是全台最有名的小兒科醫師、台灣企業家二代，包括富邦集團董事長蔡明忠，小時候都是找她看病，只要有空，她就會來道德重整合唱團看看大家，與黃日燦成為忘年之交。

還有另一對忘年之交是劉毓棠夫婦，劉毓棠曾任台灣駐聯合國代表團大使及紐西蘭大使，妻子張亞蘭的父親是當時總統府祕書長張群，也是前總統蔣中正的親信。黃日燦大三擔任道德重整合唱團團長時，剛好劉毓棠自外交官退休返台，夫妻倆都是權貴出身，卻過著一貧如洗的生活，對物質享受完全不在乎，與朱光潤一樣，都是非常虔誠的道德重整信徒與革命家。

黃日燦在劉毓棠夫妻身上看到，做為一個人真的可以清白到這種地步。這個虔誠的信念，讓劉毓棠回台後不斷積極幫助道德重整合唱團的年輕人，除了創辦中美國際早餐協會，歡迎對道德重整有興趣的人士加入，也在文化大學成立中美關係研究所，並擔任第一任創所所長，住在大學宿舍裡，陪伴教化年輕人。有一年冬季，氣溫驟降，劉毓棠在學校電梯裡因心肌梗塞猝逝，當時還是黃日燦專程趕到陽明山，送他到陽明醫院就醫，一路處理完他的身後事。

另一位是當時在華視當導播、後來擔任副總經理的胡兆揚，他父親是早期國民黨大員胡軌，當年蔣中正在江西發起新生活運動的草案就是出自胡軌之手。胡兆揚做為中生代加入道德重整協會，後來經常提點年輕人做事的方式，免得落入不切實際。

當時胡兆揚運用影響力讓道德重整合唱團上華視節目，鼓勵年輕人做對事情，並把事情做大。黃日燦在他身上看到一個成熟、有能力的男人，如何待人處事，帶來正面力量，更看到不同省籍的人不分本省、外省，只為一個共識走上同一條路。

堅守律師正義，不講假話

年少時，黃日燦對體制內當權派沒什麼好感，道德重整合唱團讓他領悟到，一個體制內也有不同的個體，沒有絕對的好人與壞人，即使再壞的人都有好的一面，再好的人也有壞的一面。

從大一到大三，道德重整之於黃日燦，就像潤雨無聲一般，讓他看到人性的另一面，點滴改變了他憤世嫉俗的犬儒心態，磨去他不羈的野狼性格，讓他做任何事都以真誠出發，也對他後來律師執業生涯產生極大的影響。

黃日燦了解一般人對律師的印象都是不值得信任，認為是「見人說人話，見鬼說鬼話，有錢能使鬼推磨」的職業，律師就是那個鬼，但黃日燦做律師卻從來不講假話，也從來不會換了客戶，就換了腦袋。不講假話，不見得要所有事情都說出來，但至少他絕對不睜眼說瞎話。例如，今天他代表 A 公司的立場，假如他認為這件事是對的，明日如果有 B 公司委託他，請他換另一個相反立場幫 B 公司打官司，他絕對不會受理這個案子，再大的利潤他都寧可不接，他不會將黑的變成白的，混亂自己的價值觀。

有些律師會根據不同的客戶需求改變自己的立場，使得法官常會質疑該律師牆頭草的立場：「明明上個案子斬釘截鐵地說不可以，為什麼現在這個案子又斬釘截鐵地說可以？」「假如你明明就是騙人，我代表受害人向你求償時，說你這樣子是騙人的，等到事情結束後，另一批人又來告你，你覺得上次黃律師好厲害，把你『打得鼻青臉腫』，這次決定委託我來處理，要我轉換立場說：『沒有啊，他沒有騙人啊！』我做不到！」黃日燦說，雖然可能會因此失去不少生意，卻也會贏得法院的敬重，「我那張法律意見書出去，會得到比較大的尊重，因為人家說黃某人不是見人說人話，見鬼說鬼話。」

黃日燦自承不完美，一定也有很多糗事在外面，但他堅持「我就是我，不會變來變去」，這些思考與看法都是他從道德重整合唱團學到如何看人、做人，深信「不是你做什麼，而是你真的相信什麼，有沒有活出來什麼。」

發起淨化心靈汙染運動，大展領導長才

另一方面，黃日燦大一開始擔任道德重整合唱團的學術總幹事，大三成為道德重整合唱團團長，一直到大四時，他為了專心準備律師考試才卸任。

令人不解的是，從小到大成績優異，皆為全校第一名的黃日燦，竟從來沒擔任過班長。美其名老師認為他個性瀟灑不羈，不適合當班長，但或許擔任班長需要有一定的家世背景才能對學校有所助益，而他沒有顯赫家世，所以頂多當過風紀股長。但從小喜愛閱讀人物傳記，對各種組織制度深感興趣的黃日燦，幼時獨處玩塑膠像兵團，喜歡研究兩兵對峙如何取勝，雖然沒有擔任班長發揮領導力，卻在道德重整合唱團大展領導才能。

大一時，黃日燦擔任道德重整合唱團學術總幹事，花了很大功夫在整理道德重整合唱團過去豐富的資料，努力將過去資料轉化成現代年輕人看得進去的文字。他發行團刊，自己寫文章，也仿傚當年卜克曼牧師發起道德重整運動時，從各國招募精英開始，在各校招

募精英學生加入合唱團，讓精英們彼此互相影響，社團發展得更好。

大三時，黃日燦被選為團長，當時移交給他的經費只剩五百元。面對拮据的經費、破舊的樂器，不但做不了什麼事，就算合唱團偶爾到各校或是電視台演唱，也賺不了多少錢。當時他在道德重整合唱團的得力助手、負責財務的女同學汪詠雪，建議他可以去獅子會、扶輪社試試看，果然，經費開始好轉，有能力添置汰舊換新的樂器與音響，汪詠雪不僅是他的得力助手，後來更成為他的賢慧妻子，在黃日燦的人生裡，一直扮演關鍵推手的角色。

當時是戒嚴時期，道德重整合唱團是除了救國團以外唯一跨校際的團體。黃日燦擔任團長時，全台大專院校走透透，從公私立大學到工專，積極協助成立好幾個校內的道德重整合唱團，「不只是唱歌，也會穿插講話，sing out and speak out，」更經常巡迴演唱，從學校、電視台到軍隊，甚至監獄都去過。

黃日燦笑說，合唱團裡唯一不需要唱歌的就是團長與學術總幹事，大家也認為他說得比唱得好聽，所以他負責講話就好。在黃日燦的領導下，團員從二、三十位增加到一百多人，全台也有十幾個大專院校設立了道德重整合唱團，各校團員共達數百人之多。他的領導力由此獲得了肯定。

大三時，黃日燦更做了一件轟動一時的事。他抓住當時社會熱烈討論心靈汙染議題，發起淨化心靈汙染運動，號召各校合唱團一起共襄盛舉，表演地點就選在台北市新公園舉行。號召各校合唱團加入容易，但問題是如何做宣傳，讓一般民眾知道新公園這個活動？他們既沒錢買廣告，過去巡迴演唱也是主辦單位負責邀請聽眾，他們前往演出就好。黃日燦用了最笨、卻又最有效的方式，自己先寫了一篇淨化心靈汙染運動的文宣，影印上萬張，分給每位團員一、兩百張，以新公園為軸心，讓大家從自己居住的區域將傳單發到鄰近居民的信箱裡。

就這樣，週日晚上的演唱會，他從前兩天的週五晚上就動員大家發傳單，幾乎一夜之間，全台北市上萬居民都看到了這張傳單。他們沒料到，週日晚上的演唱會，新公園人山人海，來了數千民眾，連報社都趨之若鶩，前來報導。

一件有趣的插曲是，一九七〇年代的戒嚴時期，非政府的大型集會都會有情治單位來關切。而黃日燦怎麼會發現有情治單位滲入其中？原來採訪他的幾位記者中，有一位說他是台大青年社的記者，正好那一年黃日燦不僅是道德重整合唱團團長，也是台大青年社的總編輯。於是他看著這位年輕記者說：「喔，台大青年社，這是很好的雜誌耶，你在台大青年多久了？」對方回答一年多，黃日燦又說：「真的啊，你想採訪我，你在台大青年社一年多都不認識我啊？我是今年的總編輯。」講完，對方立刻消失不見。後來還是警總學校工作組的人打電話給黃日燦說：「對不起，我們那小伙子實在太不上道了，要騙人也要先打草稿，原諒他，不過，我們總是要了解你們到底想幹什麼。」

這場集會造成轟動後，立刻有台灣的電視台邀請黃日燦上節目，節目叫做「電視記者會」，由四位記者訪問來賓，當時看到黃日燦很訝異，竟然只是一位大三學生，成為他們有史以來最年輕的受訪者。而黃日燦初生之犢不畏虎，對答如流，當一位記者問他：「你們現在有多少團員？」黃日燦想都不想就回答：「一千六百萬人。」對方說怎麼可能？黃日燦解釋，道德重整合唱團最重要的是道德重整這個精神，所以每個人都是道德重整的人，因為每一個人心中都有善念，大家共同努力，讓當時全台灣一千六百萬人的善念都發揮出來。

有了新公園演唱會的曝光，黃日燦後來更帶領團員在國父紀念館開演唱會，同樣也是爆滿。當時台北市市長是李登輝，他的小女兒李安妮也在道德重整合唱團裡，李登輝在台下全場聆聽完後，握了握黃日燦的手說：「You are brilliant！很有煽動力。」

雖然，大學四年，黃日燦三分之一時間花在法律系的課業上，三分之一時間花在台大青年社、保釣運動等校內活動上，另外三分之一時間則花在校外的道德重整合唱團上；但事實上，道德重整合唱團是他最重中之重的三分之一。

從大一到大三，黃日燦在這個團體裡接觸到校外各界人士，看到一個人可以為了信念，以身作則去影響他人，從朱光潤到劉毓棠夫婦，毫無私心地去關懷他人，一步步影響了黃日燦的思想、人格、行為，讓他領悟到，要變成怎樣的人往往取決於自己，只要有足夠的自覺、足夠的努力，就可以透過改變自己去解決很多問題。而很多人沒有自覺是因為不願意付出努力的代價，光是一個坎就不想跨過去，只會抱怨人生多變。

從偏激少年到處事圓融的有為青年，黃日燦說：「這比讀一百本勵志書還勵志，讓我一輩子的人格，基本上定了錨，假如沒有碰到道德重整，說不定台灣政壇就多了一個梟雄，我會弄得很熱鬧、精采，但是對社會可能沒有太大貢獻。」

有決志，沒有做不到的事

黃日燦雖然在校成績優異，但因為家境緣故，出國從來不是他的選項，也根本不敢想。加上當時他母親因為糖尿病嚴重，瘦到皮包骨，他就更不可能出國。

快要升大四時，保釣運動已經進入尾聲，他也即將卸下道德重整合唱團團長一職，打算利用大四時好好兼差打工，多存一點錢，以應付即將到來的兵役。由於當時律師考試錄取率極低，大約只有千分之一、二，所有的學長姐都跟他說，幾乎沒有人可以一次考上，所以他打算先當兵再考。

但當時原本在道德重整合唱團擔任財務總幹事、大三時已成為黃日燦女友的汪詠雪問他：「你不準備律師考嗎？」黃日燦回答既然沒有人一次就考上，畢業後先當兵再說。女友又問：「你沒考怎麼知道不會考上？你不要沒志氣，只要有人曾經一次考上，你就有希望，我對你有信心。」黃日燦被女友一激，當下決定大四也不去兼差了，專心準備考試一年，畢業後就去考律師考。

大四準備律師考是意外，大學交女朋友對黃日燦來說，也是一個人生意外。在校風趣幽默的他，人緣好，也一直受到女同學歡迎。大學時，黃日燦很喜歡跳舞，每逢週五就開始聯絡其他同學，詢問哪裡有舉辦舞會，他的同學也稱讚黃日燦的舞技很好。但黃日燦每次跳到最後，一旦燈光暗下來，剩下八支慢舞時，他就立刻消失不見。舞會上的女同學，本來還很期待黃日燦留下來邀請她們跳慢舞，但是這個人每次都提早離開，氣得女同學都說，下次不要再跟他跳舞了。黃日燦不留下來跳慢舞有他的考量。首先，留到最後陪女孩子跳慢舞，深夜回家得叫計程車送女孩子，他沒有多餘的閒錢；其次，他不想給女同學過多的期待，他給自己的規劃是，三十五歲以後再成家，所以大學不交女朋友，免得耽誤人家。

他非常清楚自己家庭的經濟情況，要交女友得先要自己有能力才行，否則可能害了自己，也害了別人，因為正常女孩子聽到他家裡的情況，即使她願意，家人也可能反對女兒跟他這個窮小子交往。因此，他從不做非分之想，很多女孩子主動問他週末是否有空，他一律回答：「很忙。」

沒想到在道德重整合唱團裡，黃日燦卻覓得終身伴侶。從大一到大三，他與汪詠雪兩人一起攜手籌辦許多活動，他甚至特地講清楚家裡的境況，出身富裕家庭的汪詠雪，聽了他一整晚的家世告白後，第二天並沒有避不見面，兩人也自然而然地走在一塊，他的人生再度來到另一個轉折，他決定畢業後，先成家再立業。

黃日燦先訂了一個讀書計畫，由於所有要考的科目加起來高達二、三十科，他在計算準備律師考試每一科要花多少時間研讀後，發現只剩下十一個月可以運用。如果每一科從頭到尾地毯式地細讀，而且是讀懂，大約要花上七個月時間，這是第一遍。剩下三、四個月，他計畫用三個月的時間再讀第二遍，深讀且背誦。最後考前的兩到三週，他就挑重點看，猜考題會落在哪裡，再複習不熟悉的地方。

然而，大四為了專心準備考律師，無法兼差打工，黃日燦原本賣布存的錢就不夠，但他需要足夠的生活費支撐他專心念書。正好當時台灣社會流行房地產投資，有人拿了關於房地產致富祕訣的英文書，請他翻譯裡面談到的法律及美國房地產投資方法，稿費是一萬兩千元，正好可以解除他的燃眉之急。

但一個人翻譯要花很多時間，黃日燦只給自己一週的時間翻譯這本書，需要另找一個幫手。正好他的好友、同班同學林伯峰的中文造詣好，高中就是附中青年校刊社社長，也擔任過台大青年社總編輯，而且他不考律師，大四比較輕鬆。於是，他邀請林伯峰一起合力翻譯，他負責將英文書快速翻成中文，再由林伯峰潤稿，將中文修改得更流暢。

那時兩人躲在好友吳東昇吉林路的舊家，閉關一週，專心翻譯這本書。因為吳火獅一家已經搬到陽明山新宅居住，吉林路的舊宅也變成空屋，黃日燦就向吳東昇借住一週。為了專心翻譯，他們甚至還將門反鎖，堅持沒翻譯完就不出門，再請同學隔著門送便當進來，一週後，真的全部翻譯完畢。

拿到稿酬一萬兩千元後，原本講定一人一半，重義氣的林伯峰覺得黃日燦比較需要用錢，打算全部都給黃日燦，自己分文不取，後來黃日燦堅持還是給林伯峰四千元，自己拿八千元。這件事黃日燦永遠銘記在心，說：「我一直很感激伯峰，謝謝他讓我活下來，這輩子只要他開口，什麼事我都會幫他做。」

當時台大學生畢業第一份工作的起薪約四千四百元，足見這一筆翻譯費對黃日燦有多重要。

第一次就考上律師高考

他開始全心全意準備律師考試，連約會都取消了。曾在台南開律師事務所、也曾任台南市副市長的同班同學蔡文斌，當時建議兩人一起讀比較有伴。蔡文斌讀書認真，課本上有很多眉批和學長姐提供的筆記，不像黃日燦的書都是空白，他正好可以瀏覽蔡文斌的眉批，幫助他掌握重點。果然，一加一大於二，那年律師高考，兩千多人報名，僅錄取二十位，台大法律系只有兩位應屆考上，那就是黃日燦與蔡文斌，跌破大家的眼鏡，尤其是黃日燦。

「許多學長都跑來罵我，說我讓他們無地自容，竟然比他們先考上，」當初大家知道黃日燦要準備律師高考時，都說這小子癡人做夢，別人讀到研究所還不一定考上，尤其他又是不太用功讀書的人。而大他一屆的陳水扁，雖然大三就考上律師高考，但是陳水扁大學四年都非常用功，一直在專心準備考試。

黃日燦的大學同學表示，早年因為律師高考太難，法律系應屆畢業生就考上律師的人絕無僅有，有人更是考了二十多年都考不上，一考再考的大有人在。大他們一屆的陳水扁是例外，大二暑假就考上高檢，大三暑假還沒畢業就考上律師高考。

由於當年考上律師高考，拿到律師執照就可以立刻執業，對黃日燦的意義極大。因為像黃日燦這樣無立錐之地的人，畢業後為了生活，通常是先去一家公司上班再說，但是考上律師高考，擁有了律師執照，就像是擁有了印鈔機，生活頓時有了依靠，「從那時才開始覺得好像有點要出頭了。」

有件事也讓黃日燦一輩子都感激新光吳家，那就是考上律師執照後，他覺得自己有了底氣，可以向女友求婚。他在當兵前，特地跑到岳父家去提親，把岳父嚇了一大跳。女友、也就是現在的妻子汪詠雪來自一個本省傳統大家族，祖父是板橋林家掌櫃汪明燦，表姑是前總統李登輝的夫人曾文惠，這樣一個名門望族，不曾因為黃日燦的出身而反對兩人交往，但是突如其來的求婚，還是把兩老嚇了一大跳。黃日燦的岳母告訴他，若要結婚，應該要找人正式提親。原來提親需要媒人，他只好求助好友吳東昇的父親吳火獅，當時已是商界知名企業家的吳火獅立刻答應，親自提著水果上門提親。

從初中到大學，黃日燦與吳東昇一直是同班同學，也因為吳家環境安靜，他經常去吳家和吳東昇一起念書，兩人功課也一直都很好，吳火獅夫婦很喜歡黃日燦，也對他非常照顧，「那些年，我爸爸常有些狗屁倒灶的事情，有時我就會厚著臉皮去拜託吳伯伯，這種忙幫得很多，」黃日燦說吳火獅只要打通電話就幫他解決了。

時至今日他仍銘感於心：「我年輕時受惠於吳家很多，對於吳家，我真的一輩子感激他們。」雖然出身貧困，成長歲月縱使有許多無奈痛苦的事情不斷發生，卻從不缺貴人，從小學老師、新光吳家到道德重整的長輩，都成為他樂觀向上的助力。

第四章　當兵展露法律長才：

靠細心幫軍中解決兩大案件

「你看不懂就是看不懂，頂多被人家說真笨，但不能裝懂。」

——黃日燦

黃日燦從小就被大家稱讚絕頂聰明，甚至連看著他長大的債主，都忍不住對黃日燦的父母說：「歹竹出好筍。」他當兵時，因為是軍法官，先在政戰學校受訓，有一次智力測驗，滿分一百八十，黃日燦是一六九，驚動了政戰學校的老師來認識他，因為這樣的成績表示他是個天才，結果黃日燦的回答是：「哪有可能，我不念書就什麼都不會啊！」

另一件事讓老師也印象深刻，那就是當時軍中舉辦辯論比賽，第一場題目是「知榮辱而後衣食足」，第二場題目倒過來，變成「衣食足而後知榮辱」，黃日燦擔任主辯，兩場都拿到冠軍，由此可見他的邏輯思考和犀利口才都令人驚嘆。

善於邏輯思考，保住四條寶貴生命

後來黃日燦被分發到高雄左營海軍軍法處，更發生了一件令他印象深刻的事。

當時左營的海軍軍法處分檢察組與審判組，檢察組負責起訴，審判組法官則審理案件，黃日燦在審判組當書記官，另一位預官在檢察組。一般都是犯人逮到後，由檢察組起訴，然後開始進行準備庭，最後才進入審理庭，這時法官要到庭審理，但在這之前，書記官常就代勞處理。至於審理的案件一般都不困難，因為海軍通常只有三種罪，第一是逃亡，上岸不回船；第二是傷害，互毆打架；第三是妨害風化，都是很容易審理的案子。

黃日燦報到後覺得每天工作量太少，很無聊，主動建議法官及處長將審理科的事情都交給他來辦，他一定會弄得有條不紊。好處是，處長感謝他的主動幫忙，經常提供他免費的平快火車票，讓他可以休假時坐夜車回台北。

當時左營軍區發生一件大事，一位女孩子指控四位水兵強暴她，並起訴為共同強暴罪，當時還有中華民國軍事刑法，如果確定犯的是共同強暴罪，後果就是唯一死刑。黃日燦在準備庭處理這個案子，大感苦惱，誰也不想要這種案子跑到自己頭上，因為若判處死刑，牽涉到的是四個人的生命，整個軍法處也很頭痛。

黃日燦一直反覆看筆錄，這位女孩子跟四位水兵在一起一天一夜，他的感覺這個案子不像強暴案，所以他一直繼續問，不結案，問了很多遍，對方也被問得麻痺了。有一次黃日燦又再問這位女孩子，當天有沒有吃飯？對方說有吃便當，也有喝水。既然喝水就會想去廁所，他又問，當天晚上有沒有去廁所，對方回答說有，去了一、兩次。他再問，上完廁所之後呢？對方說就又回屋了。

黃日燦抓住這一點，立刻說她胡說八道，這不是強暴。原因是當時左營軍區的眷村都是小庭院，廁所都設在庭院靠近大門地方，而且只用矮牆圍著，翻牆容易。他對這位女孩說，既然你都出來上廁所了，竟然不趁機翻牆逃跑，反而又回到屋裡。最後女孩才說，她回家被父親發現，因為害怕，所以說是強暴，後來聽說是唯一死刑，本來想改口，但是父親跟她說，現在才改口，改判死刑的會變成是她，所以她才會一口咬定是強暴。

因為黃日燦的細心耐煩，竟然救了四位水兵的命。黃日燦說：「很多人在偵查庭面對檢察官不斷反覆詢問同樣的事，會覺得檢察官很智障，其實他一直問，你不一定每次都答得一樣。」

承認不足，才能看到更多

這件事發生不久後，黃日燦立刻接到派令，將他調到台北海軍總部，原因是當時政府要向美國購買軍艦，海軍總司令希望海軍派出既懂英文，又懂法律的人來協助處理合約事宜，結果，黃日燦勝出，因為只有他符合這兩項標準。這項派令讓他喜出望外，因為他可以在台北當兵，就近與女友約會了。

回到台北海軍總部當兵後，黃日燦繼續主動幫長官承攬更多的工作在身上，有效率的他，一週七天的工作量，他頂多兩天半就做完，多餘時間，因為軍官可以回家，汪詠雪的大姑丈在伊通街的樓房有一間空辦公室可以讓他使用，他在那裡可以安靜讀書，同時兼作律師，幫人家寫狀子賺外快。

原本他父親在他初中畢業之後，不再做生意，改包工程做水電，生活雖然拮据，至少沒有倒債問題，讓他度過了一段高中到大學較為安穩的生活。但在黃日燦大學快畢業時，父親想要多賺一點錢，為他籌備將來的婚禮費用，於是再度做生意，這次是跟經銷商拿貨，結果又被倒債，付不出貨款來。

這位經銷商不放棄債權，三不五時就來討債，後來聽說黃日燦考上律師，有一天忽然跟黃日燦說：「你現在考上律師，這樣子，我有時要寫存證信函等等，你幫我寫，一件抵五千元。」黃日燦才開始幫人寫狀子，用來還清父親的債。

黃日燦因為軍購案被調派上來，在大直海軍總部的軍法審判科研讀軍購案的合約。這份英文合約寫得又臭、又長，裡面的英文用字也跟平常所認知的英文完全不同，但他很有耐心地再三研讀，最後發現有一處怪怪的，那就是整個合約都沒有提到購買軍艦後，後續的零組件供應事宜。這件事黃日燦一直放在心上，最後決定開會時提出來，就算是笨問題，被罵一頓，至少能解惑。結果他在開會一提出來，長官大吃一驚說：「怎麼可能！這是很重要的事，沒有後續零組件供應的話，原來的船壞了就不能再用了。」長官要黃日燦再三確定，他還是找不到，最後動員更多人來找，果然，合約沒有提到零組件的事情。後來軍方向美方反映，美方才回答說，我們再補上。

這件事情讓黃日燦學到：「看不懂就是看不懂，沒看到就是沒看到，不知為不知。」尤其是軍購案有很多需要注意小心的地方，過去也曾有一個向國外購買潛艇的軍購案件，合約上沒有寫清楚後續零件供應，導致日後要花更貴的錢去買，甚至還得請律師處理。當年如果他怕被別人說笨，不敢提出看不懂的地方，可能就會導致軍方要花一筆更貴的錢去購買零件。

第五章　律師生涯起點：靠借閱檔案，快速成長

「假如道理不夠，你就要想辦法去加強你的道理，
但是不要強詞奪理。」

——黃日燦

一九六〇、七〇年代，有一句台灣人琅琅上口的口號：「來來來，來台大；去去去，去美國。」做為台大生，畢業後到美國留學更是第一選項，尤其是年年拿書卷獎的黃日燦，他身邊的人都認為他不出國念書就太可惜了。

妻子汪詠雪的大姑丈，非常欣賞他的聰明才智，當兵期間，他曾協助這位大姑丈解決土地糾紛，對他更是讚不絕口，只要一見到他就說：「你要出國，不然就是糟蹋。」甚至主動勸說黃日燦的母親，讓她唯一的寶貝兒子出國，正好那段期間黃日燦的母親在這位大姑丈的診所治療下身體好轉，也就跟黃日燦說：「你要出國念書就去吧。」

黃日燦認為出國只是人生選項之一，並非唯一，主要是出國需要花錢，他身無分文，又剛成家，想先工作，等賺了錢再說，即使妻子的家庭較為富裕，但他說：「我這輩子從來沒有跟自己父母開過口要錢，要我跟老丈人說我出國需要錢，我是不會做這種事。」

律師要腦筋清楚，而非強辭奪理

他的第一份工作就是到理律法律事務所上班。當時理律正好改組，由徐小波帶領，原本只做非訟、外商來台投資業務，後來準備進攻訴訟業務，需要有執照的律師，正好黃日燦考上律師執照，英文又好，很快就進入理律工作。但黃日燦當兵時就幫人寫狀子，覺得訴訟乏善可陳，於是跟徐小波說，希望一邊做訴訟律師，一邊至少讓他有三分之一到一半的時間做非訟案件，徐小波答應後，他在理律工作一年，參與了十幾個訴訟案，從來就沒有輸過。

「到大律師事務所才知道菩薩小。」他剛進入理律之後發現，光是一份卷宗就比他在當兵時寫的狀子還複雜。很幸運他碰到工作上的第一位貴人，當時跟他同一辦公室、擁有多年經驗的林瑞富律師，給了他寫狀子的幾個訣竅，讓他終身受用。首先，不要寫得像王大娘的裹腳布，又臭又長。要體諒法官，法官不是只看你的狀子而已，他有很多人的狀子要看，假如你的狀子又臭又長，讓他最不想看，他可能就不看了。所以要寫得又短又清楚，讓法官很容易看得懂，而且很容易剪貼放進他的判決書裡。假如你的狀子還需要他改寫，那就是比較差的狀子。換言之，要去揣摩法官的心態，如何才能讓他樂意看你的狀子，而且認為你的狀子有道理時，就會採用你的文字放在他的判決書裡。

這位資深律師指點他另一個重點是，到法庭去，不要只顧講自己的，要看法官有沒有在聽，如果法官沒有在聽，就不要講，因為講了也是白講。例如，你講到一半，法官忽然低頭找東西，這時你講的他都沒聽到，就不要講，等到法官找到東西了，你再開始說：「你找到東西啦？那我就繼續講下去。」這樣法官才不會漏聽重點。

黃日燦笑說：「這部分我發揮得淋漓盡致。」他表示，不要假設你前面講過，法官就把它背下來了，訊息有需要重複時就要重複，但也不能一直重複，免得法官以為是上一份狀子就跳過去不看，這就是拿捏的技巧。

由於一個案件的審判過程中，可能會有狀一、狀二、狀三等好幾份狀子，到了辯論終結時，最後一份狀子一定要全部整理清楚、集大成，千萬別倚賴法官會去翻前面的狀子來看。

黃日燦很感謝這位前輩，讓他學到做律師最重要是腦筋清楚，而非強辭奪理，因為有理沒理，別人一看就知道，有幾分道理就講幾分話，如果道理不夠就想辦法加強，「所以我從來不讓人抓住小辮子。」很多人都說黃日燦寫的狀子滴水不漏，那是因為他的狀子寫得有因有果，用最淺顯的文字，嚴謹的邏輯，把事情說得一清二楚，沒有一個字打馬虎眼，讓法官一目瞭然，相對也就容易採用他的觀點。

再聰明都要花時間練就基本功

另一方面，雖然黃日燦的英文向來很好，但是真的進入律師事務所，才領悟到與現實的差距。在理律從寫 memo 到信件往來，都是用英文，字彙難不倒他，但是信件的開頭與結尾很困擾他，「總不能天天都是以 In response to your letter 做為開頭吧？」因此他自己想了一個辦法，每天到檔案室裡借卷宗出來翻看，由於每個案子都是按照時間排列歸檔，他就從頭到尾，從一件案子的第一封信件看起，看別人如何回覆、有哪些正式與非正式的回答方式，有空就抓緊時間閱讀這些資料。

看多了，他不但增強了英文書信往來的能力，更看出每一件案子的端倪。有時候在書信往來過程中，有些是沒有一次說清楚，有些是沒有對症下藥，導致對方必須不斷詢問，增加案子複雜度。這時，他就會揣摩和練習，如果是自己來辦，該如何回答，讓對方一次就了解清楚。

當然不是每件案子都很有趣，過程中也有非常無聊的時候，或是這件案子與他本身領域無關，但他都覺得收穫很大，「重點是看人家怎麼問，你怎麼回答」，透過這些案子的來龍去脈，不斷去思索練習：為什麼別人要一再問相同問題？表示你答得不夠清楚；又或是為什麼人家問的這個問題，自己沒想過？後來他更逐漸抓到要領，「原來當事人不是在問法，是在問事情，在詢問一個解決方案。」黃日燦觀察到，很多法律人就只會法律，認為其他的商業考量都跟自己無關，但其實法律人運用法律也是為了解決別人的問題，兩者應該是互動的。

而要保持經常抽空閱讀檔案的習慣，第一需要專注，第二要有紀律。後來黃日燦常跟法律新進者說：「平常快下班時，不必跟同事聊天太久，有空多去檔案室借閱，收穫會很大。」

空杯心態，如海綿般快速學習

在理律工作的這一年，讓黃日燦更確定不走訴訟這條路。首先，在法院經常要長時間等待，有時只有十五分鐘的庭，卻得耗掉整個上午在律師休息室等待，當時沒手機，也無法帶很多書進去看，讓他頗無奈。反而是非訴訟案件比較有意思，當中有兩個案件讓他覺得特別有趣，且印象深刻。

其一是，一九七〇年代，反傾銷這個名詞在台灣還很陌生，但是理律卻接到台灣某大企業被澳洲控告反傾銷的案件，徐小波找他一起處理這個案子。他聽到反傾銷這三個字，第一個反應是：「什麼是反傾銷？」徐小波回答：「就是低價賣。」但他卻不太懂。黃日燦於是問：「低價賣不是很好嗎？」徐小波說：「但是對方不高興。」黃日燦又說：「報告老師，你也不懂啊，那我就更不懂了。」徐小波說沒關係，因為客戶更不懂，全台灣沒人懂，摸一摸就懂了，這個案子就是這樣展開的。

後來他們發現台灣的企業的確有低價傾銷，所以輸了，但是沒有輸得太慘，表示他們的辯護還是有幫助到企業。「我就是從那裡學到，你什麼都不懂時，要怎麼開始？」當時黃日燦為了要從不懂馬上變懂，找遍所有資料，連英文字典、百科全書都拿來看，因為當時民法、刑法等都沒有這一條，後來才知道這是貿易法，台灣當時沒有，這也促成後來他出國留學時，碩士論文就是寫反傾銷與平衡稅。

另一個案子是，黃日燦與徐小波、姚嘉文一起承辦華隆紡織翁明昌董事長的遺產案，他第一次窺見有經驗的律師，如何處理豪門巨室的遺產案。當時黃日燦只是一個菜鳥律師，遺產繼承完全是根據民法規定，每個人分幾份呆板行事，但是華隆紡織翁家的一位家屬，從舊金山請了一位華裔美國律師來台，承辦過程中，這位美國律師常常問許多關於公司法的問題，是黃日燦從來都沒想過的，例如，不同公司要怎麼處理、股權與董事會可以怎樣進行等等。

這位律師常說：「可不可以怎麼樣？」「可不可以查查看？」後來黃日燦才領悟到，「他要知道的是他想做的事能不能做，而不是法律說什麼」。黃日燦從他身上學到問問題的順序、理路與角度。有趣的是，從頭到尾兩人都用英文溝通，最後一天相處時，對方忽然用中文跟黃日燦說話，讓他吃了一驚。這又是他自己亂假設，以為對方從美國來，只會講英文，所以從頭到尾都用英文與他溝通。

反傾銷案子讓他學到，對一個完全不懂的領域，如何搞清楚，還要有能力耍出幾把刀來；而遺產案則是讓他學到美國律師做為操盤推手，如何切入案子、如何鋪陳布局，過程中還要深藏不露。

看見生涯更多可能，決定出國留學

也因為看多了這些案子，讓黃日燦從本來不抱出國留學的想法，工作近一年後，他開始認為自己應該要出國學習，了解什麼才是真正的國際業務，如何擔任真正的操盤手，而不是外國律師來台，本國律師用英文說明台灣法律給他聽，做的還是台灣法。

他決定先申請美國大學法學院的獎學金看看。當時他才剛結婚，每月薪水台幣兩萬兩千元，申請美國學校的費用非常昂貴，少則二十五美元，多則五十美元，以當時匯率換算，五十美元等於約台幣兩千元，如果申請十家學校，差不多一個月的薪水就沒了。

黃日燦本來想申請收費便宜一點的學校就好，總是在人生關鍵時刻扮演重要推手的妻子告訴他，這些都是小錢，申請到對的學校最重要。結果，他所申請的幾所美國大學法學院都錄取他，包括當時台灣法律系學生心目中的熱門學校南衛理公會大學（Southern Methodist University，SMU），提供一千五百美元獎學金、伊利諾大學香檳校區提供三千五百美元、密西根大學更提供了五千美元。此外，哈佛大學也給了他入學許可，只是沒有提供獎學金。

密西根大學提供的獎學金最多，又是好學校，黃日燦立即回覆密西根大學表示接受。沒想到一週後，西北大學寄信來，表示要提供一萬五千美元的獎學金給他。當年西北大學一年學費五千美元，他算了算生活費，一年五千美元也夠了，多出來的五千美元，是西北大學希望學生在用功之外，也能有享受生活的餘裕。

當時西北大學法學院這個優厚獎學金，一年僅提供全世界一個留學生名額，而且不一定每年都給，很多年都是從缺，可見審核之嚴。正因為嚴格，申請費高達四十美元，加上他已經陸續獲得其他學校入學通知，黃日燦本來不願意申請西北大學，還是妻子偷偷幫他將申請表格打字好，逼他申請，勸他要「看大、不看小」，沒想到真的申請到，「這些都要謝謝我的太太。」

黃日燦申請到西北大學還有一個很重要的關鍵，那就是當時他對如何申請國外學校完全沒概念，跟一般台灣學生一樣，只懂得強調成績優秀，又拿書卷獎，以及考上律師執照等等，其他就想不出來了。正好當時理律請了一位美國大學生來教大家英文，黃日燦請教她申請美國學校的訣竅，對方於是問他：「你有沒有念書以外的事情可以講？」指出美國學校一般不會只要會念書的人。

黃日燦想了想，自己似乎沒有其他才能，但是一聊之下，對方驚嘆他大學就舉辦超過三千人的大型聚會，還上台講話，接受電視新聞節目採訪，連很多美國人都沒有這樣的經驗，再加上大學期間與道德重整合唱團的巡迴全省演唱，連監獄都去過，這位美國大學生連連表示，這些都是很了不起的事情。最後，這位美國大學生協助他將這些「豐功偉業」都寫進申請文件裡，才有了後來被西北大學錄取的事。

被西北大學錄取雖然喜出望外，但是黃日燦已經答應了密西根大學，又該如何拒絕？在他糾結越洋電話很貴，不如寫信便宜的時候，妻子又提醒他，寫信講不清楚，打電話才能講清楚。但令黃日燦大感意外的是，當他打電話過去，支支吾吾表示他被西北大學錄取，考慮是否選擇西北大學，沒想到密西根校方告訴他，你當然應該去，這是一萬五千美元的獎學金，對你有很大的助益，我們很喜歡你，也替你非常高興。他沒想到，竟然有這麼有肚量的人，不但沒有刁難，還替他高興。

一九七八年，黃日燦終於踏上了留學之路，一個身無分文的窮小子，誰也沒想到，不到十年的時間，他不僅將進入華爾街的大律師事務所工作，參與國際重要併購案，甚至成為當時華爾街唯一升任為合夥人的華人律師。

第二部

征途：初露鋒芒到站上國際舞台

創生
開局
征途
起點

第六章　進入西北大學：

最用功的一年

「你今天做的，加上明天可能的發展，和後天的結果，
就是大後天人家怎麼回頭來看你。」

——黃日燦

一九七八年，黃日燦在準備前往美國西北大學念法學碩士之前，台大法律系小他好幾屆的蔡明忠（現為富邦集團董事長），因為準備赴喬治城大學念法學碩士，跑來找他，問他是否有興趣參加喬治城大學為外國學生開辦為期三週的入學前先修班（orientation course），這個課程會找老師模擬正式上課，讓外國學生先體會美國大學法學院的上課方式。

黃日燦雖然感興趣，但是課程要一千兩百美元的學費，他立刻打消念頭。結果又是妻子告訴他：「說不定有獎學金可以申請，不妨試試看。」沒想到真的申請到獎學金，可以免費上這三週的課程。

他在喬治城大學跟蔡明忠睡同一個寢室，兩人從此變成好友，黃日燦笑說：「好多糗事都是我們一起幹的，」例如，第一次去自助餐廳吃飯，兩人都覺得美國葡萄真難吃，後來才知道那是橄欖；吃了難吃的美國冰淇淋，後來才知道那是優格。

三週後，蔡明忠繼續留在喬治城大學念書，黃日燦轉往芝加哥，準備進入西北大學。

靠獎學金渡過留學歲月，一生感念妻子

抵達美國芝加哥的第一週，黃日燦與妻子搬進宿舍後，因為地下室洗衣機壞掉，無法洗衣，妻子要他到附近找找看是否有投幣式的洗衣機。他到附近的速食店詢問一位年輕店員，用以為標準的英語說：Excuse me, would you please tell me where I can find a place to wash my clothes? 當時這位店員聽了他的話，一副他在演舞台劇的神情，當場吼了他一頓：Hey man! You go home, wash your clothes home. 黃日燦到現在都記得當時被糗之後，臉上發燙的感覺。

他才知道一向以為自己英語好，其實是中式英語的表達方式，美國人根本聽不懂，回宿舍後立刻發憤圖強，每天中午拿著筆記本坐在電視機前看美國午間連續劇，看人家從客

廳、飯廳到臥室，如何對話，他邊聽邊勤做筆記，還訂了芝加哥論壇報，每天查字典閱讀，「那時真的很拚，一年下來，對話就好很多了。」

由於他是攜伴赴美留學，與妻子住在學校分配的家眷宿舍裡，當時妻子已經懷有身孕，兩人到了芝加哥，雖然有獎學金補助，但是身邊存款只有幾千美元，將來孩子呱呱落地，需要更多錢，更不敢亂花。雖然妻子來自富裕家庭，但是身為長女，家中弟妹需要父母養育，所以也不跟家裡拿錢，年輕夫妻無依無靠，在異鄉全都靠自己打拚。

黃日燦至今非常感謝妻子，也覺得對不起她，當時他專心念書，生活瑣事都由懷著身孕的妻子打理。懷孕已四個月的妻子，為了盡快融入美國生活，並為將來在美國生產做準備，他們買了一台打字機，妻子一邊幫黃日燦的手寫論文及報告打字，還利用閒暇之餘，幫人打字，一張一美元；她打字速度快，一週可以幫人打字一、二十張。當時他們住的宿舍是芝加哥西北大學醫學院及法律系已婚的學生宿舍，位處市中心，正好宿舍裡有一位鄰居的小孩是四個月大的嬰孩，需要找臨時保姆，因為鄰居是護士，妻子也正好利用擔任保姆這個機會請教對方，在美國生產的醫療知識。將心比心，後來有了孫子，偶爾幫忙，黃日燦才知道帶小孩非常辛苦。

來西北大學沒多久，黃日燦的第一個孩子就誕生了，本來他們計劃在美國生完小孩後，就由岳母帶回台灣照顧，沒想到生產時，因為打麻醉針沒有打進正確位置，又因為兒子頭太大出不來，折磨許久，才終於生出來，兩種疼痛都經歷過，妻子反而決定將孩子帶在身邊，親自照顧，打消原本打算也跟著黃日燦一起念書的想法，「她是為我們犧牲的，所以我一直跟兒子、女兒講，絕對要孝順媽媽。」

優秀，是努力加上方法

黃日燦在西北大學也不輕鬆，誠惶誠恐的念書，生活基本上就是從宿舍走到馬路對面的法學院去上課。宿舍二樓的閱讀區，有一個他專屬的位置，整天面對著窗外密西根湖的四季美景讀書。尤其那一年，哈佛大學法學院一年收五、六十個碩士生，西北大學卻只收四個碩士生，老師把碩士生當成大師對待，每次上課都說：「Wow! We have a master student here. Mr. Huang, would you stand up?（哇，我們有一位大師，黃同學你可以站起來嗎？）我們哪是master，那時念書真的很緊張，上課都戰戰兢兢，也不知道要念到什麼程度才夠。」黃日燦至今難忘那段歲月。

更痛苦的一件事是，美國法學院碩士生一般都不必寫論文，即使要求有一篇論文，通常寫個幾十頁就很厲害了。他問西北大學的指導老師，論文要寫多長？老師說他自己決定就好，也可以去圖書館參考別人的碩士論文。結果黃日燦去圖書館角落一看，全都是厚厚的論文，乍看以為是博士論文，沒想到竟是碩士論文；再挑出最薄的一本碩士論文翻到最後一頁，竟然也有兩百三十幾頁，當下心情就跌入谷底。

他在理律一年，頂多用英文寫四十頁的備忘錄，而且還是套列了許多法律條文，真正需要用到英文寫作能力的地方不多，但是在西北，必須在一年內又要上課，又要寫完論文，回家還要看電視學英語，黃日燦跟妻子說：「假如這一年我能混得過，我就是神仙了。」

當時兒子剛出生，他有時抱著兒子讀公司法，孩子在他懷裡會亂動叫喊，他得專心才有辦法念書，因為當時專注得不得了，直到現在，公司法教科書的每一頁他仍印象深刻。「那時候壓力很大，抽菸抽得好兇，我自己不知道，但太太說我那時候很不耐煩，就是繃很緊。」努力終究是有回報的，那一年，黃日燦的英語大有進步，本來講話都是先用中文想，再翻成英語，到後來可以直接用英語想，連作夢都用英語講話，也完成了兩百二十幾頁的碩士論文，課程他更都全拿 A。

關於學英語，黃日燦的領會是，懂英語和用英語是兩回事。為什麼美國人講一件事情，用一個單字就講清楚，台灣人用英語講一件事，有時候五個單字都還不夠。其實英語是很生動的，如果懂得多用主動詞的詞句，而不是用被動詞句，說英語就比較生動，也容易許多，因為少了很多字彙。

第七章　香港工作開眼界：第一批參與中國法律訂定過程的人

「假如我從西北直接去哈佛，我就只是一個學生，碩士變博士，跟人家也沒有平起平坐，在香港工作了一年多，人家就認為我是中國專家、先鋒者。」

——黃日燦

一九七九年，黃日燦在西北大學念碩士第二個學期時，已經申請到哈佛大學，準備碩士畢業後就前往波士頓攻讀哈佛法學博士，沒想到，一通電話，讓他決定暫時延後入學哈佛大學，前往香港親身參與中國法律從無到有的過程。

一通電話，改變生涯決定

他在西北大學念碩士時，好友吳東昇在哈佛大學已經念完法學碩士，正在攻讀MBA，美國知名中國法律專家孔傑榮（Jerome Alan Cohen）當時在哈佛法學院擔任副院長，剛好有一年的學術休假（sabbatical），正逢中國改革剛開放，訂立中外合資經營企業法，準備引進外資，孔傑榮接受紐約高特兄弟法律事務所（Coudert Brothers）邀請，準備到香港協助開發中國的法律市場，那時他需要一位懂法律，又懂中文的助手，經吳東昇推薦，他打電話給人在西北大學的黃日燦。

這通毫無預警的電話，黃日燦本來一頭霧水，一聽到對方自我介紹說：「Jerry Cohen, Harvard Law School.（我是哈佛法學院的孔傑榮）」當時即肅然起敬坐好聆聽。結果，孔傑榮的第二句話就問他在西北的成績如何？黃日燦回答全A，孔傑榮說：「oh, that's not bad.」隨即問黃日燦是否有意願跟他前往香港去開發中國法律市場，並表示可以幫他延後哈佛入學時間，獎學金也可以幫他延後，不妨先跟他做事，等他學術假休完之後，再跟他一起回哈佛。

能貼身參與並觀察世界一流法學專家如何運作法律，對黃日燦來說，實屬難得機會，於是西北大學念完碩士後，他帶著妻子與一歲兒子，暫別美國，舉家遷往香港工作。

一九七九年下半年，黃日燦抵達香港，首次為紐約的高特兄弟法律事務所工作，年薪是三萬五千美元，房租津貼也是三萬五千美元。黃日燦說台灣人的思維就是，既然房屋津貼跟年薪一樣多，還不如直接給他三萬五千美元的房屋津貼，然後自己再去租便宜一點的房子，可以省下更多錢。然而，事務所主管跟他說，你租金多少，我們就付給房東多少，但你的預算上限是三萬五千美元，可以住在香港半山豪宅區。當時他心想，直接給他錢多好，為什麼要他住在香港半山這麼昂貴的豪宅區？

後來黃日燦領悟到，給他三萬五千美元一年住在半山豪宅，左右鄰居不是企業家，就是高階經理人，等白牌計程車下山時，還會碰到世界船王包玉剛的女婿等企業名人，用意就是要讓他在這個圈子裡結識人脈，對工作上更有助益；如果讓他自己租，他一定跑到便宜的九龍地區，周遭居民對他的業務可能就沒什麼幫助了。

國際級視野，見識不同凡響

一九七九年，香港著名地標——國際金融中心還未興建，黃日燦的辦公室坐落在面對維多利亞港口的最高大樓——歷山大廈三十二樓，從辦公室的落地窗往外看，風景極佳，只是絕美的窗外風景才看了一週，他就再也沒注意到，因為忙得不得了。

當時，中國改革開放剛起步，一開始為了吸引外資進去，採取的是來料加工（編注：指原料由外國企業免費提供，加工企業不需支付貨款，生產後只收取加工費。）與補償貿易，基本上就是加工出口。但是來料加工，中國連料都沒有，所以外資得自己去備料進口，中國再協助加工，而補償貿易就是以貨易貨，用中國有限的貨品去交換所需要的貨品，這是一開始對外的商務往來。

一九七九年，中國第一次公布中外合資經營企業法後，才是真正開啟法制上的第一炮。這個法一出來，吸引全世界跨國企業一窩蜂趕去中國，從美國、歐洲到中東國家，能被派過去的經理人都是企業裡最厲害的人物，大家目標一致，就是要前進中國。而當時中國沒有律師事務所處理這些事，所以很多外國律師事務所，尤其是美國律師事務所更卯盡全力衝刺，本來就是做國際業務著稱的美國高特兄弟法律事務所，更是抓緊機會參與，才會請有 Mr. China 之稱的中國法律專家孔傑榮幫忙。

這一年對黃日燦而言，就像在念 EMBA，因為這些來自全球各地的企業高階經理人與專家，都非常了解投資與法律，卻對中國情況陌生，黃日燦因為懂中文，可以協助他們了解中國情況。他經常在一旁聆聽這些企業高階經理人討論如何投資中國，如何在中國沒有任何法律情況下，確保中方能按照他們需要的東西給他們，既然不可能要求對方立法給你，這時候就是要訂立周延的合資合約。

當時因為中國尚沒有相關法律，所以他們把所有東西都寫進合約裡，這些合約後來就變成法律，黃日燦因此學到，「只要簽了字就是法律，就是當事人立法；不管有沒有法律，只要不違法，你寫到合約裡頭的，就是雙方要遵守的法律。」這些新的衝擊，與他過去在台灣的學習經歷大不相同，對他來講，不啻是思想上的大解放，他因此學到如何周延考慮，如何從需求回推法律，以及合約應該長什麼樣子。

早年香港還沒有中文打字機，這些老外用英文擬定合約之後，就交由黃日燦來翻譯寫成中文，每一份合約長達數十頁，還要寫四份文本，他寫到手指兩側都凹進去。尤其剛開始，老外打完英文合約草稿，就要他立刻翻譯出來，給他很短時間，有一天，黃日燦火了，嚴正地對他們說：「讓我提醒你們，我的中文本跟你們的英文本同等重要，因為法律規定中英文本具有同等效力；一旦合約有爭議，這裡是中國，你猜他們是讀英文本合約，還是中文本合約？你們最好祈禱我能把我的工作做對，所以要給我足夠時間才能好好把它翻譯出來。」

「後來，他們就很尊重我，」黃日燦說，好處是他把每一份合約都背得滾瓜爛熟，到任何地方去他都可以從頭到尾背給大家聽，他也成為最了解所有談判項目內容的人。

甚至，後來《中華人民共和國中外合資經營企業法》所擬定的實施規定裡，就是結合之前談判的項目合資合約所篩檢出來的條文，包括勞工管理等，成為實施規定，附屬到中外合資法裡面，而這些規定有很多都是從黃日燦所擬定的合資合約條文照抄過來的。

原本中國大陸想借鏡東歐羅馬尼亞或是南斯拉夫的法律，因為在當時共產國家裡，這兩個國家在經濟上比較自由，但在考察這兩個國家的法律之後，他們認為不宜採用，因為這兩個國家的文字別人看不懂，也沒有英文資料輔助，建議中國想要吸引外資，還不如借鏡台灣，因為台灣當年也是根據美國提供建議所擬定的法令，「後來深圳這些特區基本上跟我們台灣加工出口區一樣，像是外資怎麼吸引、怎麼管理，他們都是從台灣這邊學到很多。」

當時，黃日燦寫了一篇備忘錄，說明如何讀懂、如何操作中國的合資企業法律，原本是寫給客戶參考，五千美元一份，沒想到熱銷一時，因為所有的企業都想進入中國，而這一篇是當時全世界唯一對中國中外合資法較為完整的分析文，黃日燦工作的律師事務所還因此大賺了一筆。後來黃日燦更與孔傑榮及另外一位資深律師，聯名將這篇文章登上了

《華爾街日報》，成為所有想了解中國中外合資法的人一定會參考的一篇文章。

「我後來去哈佛就是靠這個立下威名，因為大家都記得這篇文章。」黃日燦說。

見證並參與中國法律從無到有的過程

這一年來，雖然各國企業與中國大陸轟轟烈烈談了幾十個項目的合約，但是基本上沒有一項成交，原因是百廢待興的新中國，並不是一個法律訂立出來，外資就願意進來合作，事情就會發生，工廠就會建立起來；換言之，中國雖然宣稱對外開放，但是很多配套條件卻還來不及建立。

例如，當時法國米其林公司本來要去廣東設輪胎廠，條件都談妥了，地點也都找好了，當地也非常歡迎國際公司來這裡設廠，但是問題來了，電力不夠，誰來發電？當時也沒有外匯，建設是一件困難的事，資本主義國家有資本，能不能麻煩米其林公司順便也在當地建一個發電廠？米其林公司打一打算盤，剛改革開放的中國，能買多貴的輪胎？當然是買最便宜的輪胎，如果蓋輪胎廠再加上發電廠，要賣多少輪胎才能賺錢？「所以就沒轍了，配套條件沒了，就算郎有情，妹有意，還是成不了局。」

又或者，來自美國的西方石油公司，計劃到山西開灤開採煤礦，從地圖看山西開灤，山西到天津有一條大鐵路，看起來連在一起，當初也談好，由這條鐵路輸送煤礦，但真的到了現場一看才發現，還有一小截沒有相連到煤礦區，問題也是誰來蓋這條銜接大鐵路的小鐵路？開灤這個小地方當然沒錢，但是美國西方石油公司說這怎麼會是他們的事？當初講好要由這條大鐵路輸送，既然無法相連，應該是你們政府的事，「吵了好久，大家就拖，最後還是沒解決，這種情況太多了。」黃日燦感嘆地說。

還有招商引資就需要五星級飯店入駐，當時洲際飯店集團與黃日燦等律師，找了中國國際旅行社商談，因為有「中」字，代表中央單位，管國際旅行，對方也說他有權力談，結果談了兩年，也簽了草約，後來北京一句話：「中旅？沒有這個權啊，」等於是白談。

對跨國企業來說，當時的中國就是一個 wide open 的地方，也就是什麼事都有可能，但也什麼事都不可能。剛開始談判時，該跟誰談都搞不清楚，甚至談得差不多了，就會冒出一個基礎建設不夠的問題出來，從鐵路交通到電力，都缺乏配套措施，最後，變成還是以輕工業居多，中外合資先做一些輕工業的產品外銷，才演變成特區、加工出口區。

黃日燦指出，中國的商業體制幾千年來都沒有清楚過，幾千年來都是地方分權，在中共體制下也是如此；中央只管重要事情與抓住軍權，但地方財政與地方商業都是分權，各管各的，地方政府只要每年固定上繳中央，其餘各自為政。所以早年他們接觸剛開放的中國時，發現中國不只一個市場，跟中央簽了約，只要一跨省就難以落實，所以不改革不行。

但是改革談何容易，所以先創造出特區，從特區開始做起，在這個加工出口區裡，允許百分之百的外資，貨品進出都有很清楚簡單的法令，就開始賺錢了。「等到賺到錢，大家發現這是好事，再來談改革就比較容易，這就是鄧小平說的：『先讓一部分人富起來。』」黃日燦說。

機會再次敲門，選擇攀登知識殿堂

向來在時間管理上，本著能夠同一時間做兩件事，絕對不只做一件事的黃日燦，一方面跟著跨國企業與資深律師們在中國開疆闢土，一方面他認為既然已經來到國際金融中心的香港，更要抓緊機會學習貸款融資法律工作，於是他跟香港辦公室表示，希望也能了解金融業。

黃日燦再度使出老招，他只要有空，就把辦公室檔案裡所有跟金融業有關的卷宗都拿出來看。由於當時國際金融與國際貸款都是新興業務，每一家銀行為了要教自己人，都留下詳盡的資料，從合約擬定、利息規定到各種條款等，加上各家銀行都有不同做法，黃日燦邊看邊比照不同銀行的做法，學習一件事可以如何用不同方式來完成，讓他對金融業有更深入的了解。

除了金融業，那一年他也碰上東海石油探勘，所有律師事務所都一窩蜂搶進，因為石油公司有錢，是最好的客戶，他也因此閱讀了許多這方面的資料，並參與東海石油探勘的合約。

黃日燦形容當時的心情就是求知若渴，幾乎沒有休假，埋首在各式各樣新奇的經驗中，尤其當年的香港臥虎藏龍，什麼樣的人才都有，讓他學到許多，生活與見識一下子變得複雜而開闊。他見證各式各樣的老中、港仔、老外，如何敲開中國的門，也親身參與複雜的國際金融貸款、東海石油探勘計畫，而所牽涉的法律問題都不一樣。

一年以後，孔傑榮的學術假期滿，因為在香港做得很愉快，他決定繼續留在香港，辭掉哈佛教職；而黃日燦則是接到哈佛寄來的一封信，催促他趕緊入學，否則博士班入學資格雖然還可以保留，但是獎學金就要讓給別人了。他本來想繼續留在香港，因為做為中國改革開放後第一批參與中國法律訂定過程的人，如果他繼續留下來衝刺，與孔傑榮一起，他就是中國法律事務的開山祖師之一。事實上，接棒黃日燦工作的人，後來都變成叱吒風雲的人物。

在黃日燦取捨難定時，他的妻子提醒他：「現在不回去念，你只會愈來愈舒服，舒服了就不會想念書，你總要念個博士吧。」他才決定返回哈佛念博士。

回憶起這段特殊的香港經歷，原本只是一個留美研究生，如果他從西北大學念完碩士，直接去哈佛念博士，他只是從碩士變成博士而已，也無法跟專業人士平起平坐，但是他在香港的美國律師事務所工作後再去哈佛，即搖身一變成為大家口中的中國改革開放法律專家和開拓先鋒。

後來黃日燦返台擔任許多企業的策略軍師，就是在香港時期種下的養分。

第八章　哈佛求學歲月：與全世界名人相遇

「閱讀真的很有用，
也是天下最便宜的事情。」

——黃日燦

一九八〇年秋天，當黃日燦從香港返美，剛到哈佛法學院報到時，許多教授都主動來認識他，包括當時在哈佛大學任教、舉世公認的中國暨日本研究權威傅高義（Ezra F. Vogel），大家都想跟他聊聊中國，並堅持要黃日燦以名字來稱呼他們，而不是教授，等於是平起平坐的意思。

哈佛是世界一流的學術重鎮，又是精英薈萃之地，面對如此寶山，原本黃日燦在香港準備回哈佛念書時，打算從博士班改念 J.D.（Juris Doctor，法律博士），修習三年完整的法學院課程，但他跟一起工作的美國律師同事商量，對方訝異地說：「我們付三年學費就是為了要有資格去考律師，你已經拿到西北法學碩士，也已經在我們律師事務所做事，等於已經是律師了，你回美國隨時都可以考律師，你頭殼壞掉才會再去念三年。」

對方又指出，很多人都覺得拿哈佛的 J.D. 很厲害，其實在美國都一樣，每年每個學校有幾百個 J.D. 畢業生，大家都是 J.D.，他們事務所也有很多哈佛 J.D. 畢業生進來，一年後，不少人表現不好就被公司趕出去了。換言之，大家念 J.D. 是為了拿到資格去考律師，黃日燦已經有律師的工作經驗，又是法學碩士，幹麼還要從頭再來？黃日燦立刻打消念頭，決定繼續念博士。

見過大江大海，博士生活如魚得水

再回到校園，他不像在西北念書時那麼緊張，哈佛生活讓他悠遊自在。關於念書，黃日燦說：「你不用全懂，你只要比別人懂就好了。」這是因為他在香港當律師時，天天面對的都是案子的 deadline，都在應付客戶需求，親身參與實際案例，又有孔傑榮這個法學泰斗像導師一般指導他工作，當學校還在教大家 thinking like a lawyer（像律師一樣的思考）時，他在香港接受的訓練是「living as a lawyer, working as a lawyer, surviving as a lawyer.（以律師的方式生活、工作、生存）」。

所以回到哈佛上課，一個學期才考一次試，念書反而變得很輕鬆。不像班上從美國各地和其他國家來的同學，有些人第一次到大城市念書，有些人第一次讀個案研究，念書對他們來說是很重的負擔。另一方面，對從小就喜歡天馬行空亂想、不被教條思考束縛的黃日燦來說，哈佛的教學方式讓他如魚得水。他表示，台灣的教育是直接教學，叫大家找答案，但是哈佛教授是教大家如何思考，一直在兜圈子。例如，一條法律從A到B，但是教授會在A與B之間不斷兜圈子，目的是告訴大家，人世間不是只有一個道理，只是某個國家的法律選擇了從A到B，但是有些國家卻選擇A到C，有些國家則選擇A到D，可能對，也可能錯，就看適不適合，而不是迷信權威，認為一定要選擇A到B。

博士的課程難不倒他，黃日燦也抱持著滿滿學習熱情，本著既入寶山、怎可空回的心態，加上哈佛豐富的藏書，他大量閱讀了與美國有關的政治、社會、經濟及各類產業書籍，從石油產業歷史、美國政黨政治、歐洲企業到農產品等等。他不只借閱，也大量買書，當時美國的硬殼精裝書只要過了新書期就變得很便宜，從五美元到十美元不等，「那時真的是求知若渴，我在香港這樣，去美國也這樣，只要有空就看這些書，反而法律看得少了，因為我已經真槍實彈打過了。」

當時他以為自己就像一般留學生，畢業後，可能在美國工作幾年就回台灣了，既然如此，他更要抓緊時間，大量閱讀，從各方面來了解美國社會，雖然不知道將來是否用得到，就是拚命吸收，認為「閱讀真的很有用，也是天下最便宜的事情。」

與世界級人物一同學習

與此同時，黃日燦也大量認識來自國際的知名人士。哈佛最多的就是國際學生，尤其是他們這種有資歷的研究生，在研究生交誼廳裡一坐，大家就知道你有點分量，並非菜鳥，很樂意來跟你聊天；加上哈佛除了法學院之外，從甘迺迪學院、費正清中國研究中心、文史哲、經濟等相關學院，名家大師都匯聚一堂，全世界的知名人士都在哈佛駐足過，從菲律賓反對黨領袖艾奎諾二世、有亞洲曼德拉之譽的前韓國總統金大中到日本皇后雅子的父親小和田恆等等，黃日燦都有與他們聊天、喝茶的經驗。

當時雅子的父親小和田恆在哈佛法學院擔任客座教授，教他們國際法，黃日燦與幾位學生有時會一起去他家裡拜會聊天，雅子當時也就讀哈佛經濟學院，有時還會幫他們倒茶。

黃日燦交往的這些國際友人，後來都回國擔任要職，有新加坡司法部副部長、日本早稻田大學學務長，還有日本經濟產業省審議官岡田秀一，早年小泉純一郎擔任日本首相時，身邊有四大特助，號稱四大金剛，他就是其中之一，當年台日貿易協定就是黃日燦提供想法給岡田秀一，由他主導完成的，兩人至今依舊保持密切聯繫。另一位則是曾擔任日本情報局副局長，兩位都是黃日燦哈佛念書時的好友。日本人重視論資排輩，念哈佛的好處是人脈廣，如果黃日燦有事找日本經濟團體聯合會，對方都會買單，就是因為同學的關係，包括美國聯準會前副主席佛格森（Roger Ferguson）也畢業自哈佛法學院，一九八〇年代他在紐約與黃日燦也頗有往來。

最令黃日燦印象深刻的是菲律賓反對黨領袖艾奎諾二世，他們在哈佛數次聊天，也曾一起吃飯。一九八三年，艾奎諾要回菲律賓前夕，當時黃日燦也拿到博士學位，準備到紐約執業，他問艾奎諾：「你怕不怕？」艾奎諾回答他：「我不怕，我買了很多書，頂多把我關起來，我就在裡面繼續看書，椅子比較不舒服而已，跟這裡差不多啦。」

但沒多久，八月初，黃日燦與妻子到瑞士參加道德重整年度大會，順便在歐洲度假，從巴黎到瑞士日內瓦之間有一座小城鎮，他們坐夜車抵達當地時，已經是清晨五點半，書報攤還未開張，但是報紙已經先來了，正好這個時間點是艾奎諾返回菲律賓的時間，黃日燦跟妻子說：「艾奎諾大概回去了。」於是一邊等巴士，一邊等待書報攤開門，開門後，他買了一份《國際前鋒論壇報》（*International Herald Tribune*，二〇一三年改名為 *International New York Times*），打開一看，當下晴天霹靂，頭版頭條就是艾奎諾返回菲律賓在機場被暗殺的消息。

在瑞士總部參加道德重整大會還有一個插曲。當時，大會臨時召開亞洲小會議討論艾奎諾被暗殺的事件，當天與會的人有達賴喇嘛、印度聖雄甘地的孫子等亞洲重要人士，加上黃日燦夫婦，總共有二十人左右。黃日燦夫婦與達賴喇嘛只隔兩個座位，隔天中午吃完飯，他跟甘地的孫子一起在廚房洗碗，甘地孫子的個子很高，看起來就是很有智慧的樣子，「他洗碗洗得很好，還教我怎樣洗才乾淨。」黃日燦說。

兩年九個月拿博士學位，打破哈佛紀錄

原本黃日燦打算在哈佛多待幾年，不急著畢業，因為哈佛求學生涯太棒了，有那麼多一流人才一起聊天，讓他覺得非常過癮。但前一年半，哈佛提供的獎學金只能讓他免學費，沒有多餘的錢，就算申請到扶輪社獎學金也不夠，因為波士頓生活費昂貴，所幸剛好

一家美國企業客戶有個中國項目找他當顧問，一小時開價一百五十美元，當時在校園打工一小時是五美元，他拿到的報酬比別人多了三十倍，生活有了餘裕，養家也不成問題，日子過得很舒服。

只是沒想到一年半以後，因為中國宏觀調控的關係，客戶不太做中國的案子了，他的顧問費因此斷炊，銀行存款一直下滑，此刻再度燃起他強烈的危機感，當下趕緊找資料準備寫論文，盡快畢業。當時黃日燦的心情非常緊張，因為別人斷炊，可能還有親戚資助，他一旦斷炊，毫無後援，還有妻兒及剛出生的女兒要養。

另一方面，他寫論文也不是一帆風順，剛開始整理蒐集資料時，覺得體例分明、邏輯清楚，應該很好寫，但真的寫了之後，就開始進入撞牆期。他的博士論文題目談的是國際技術移轉，由於國際技術移轉牽涉到的不只有法律，而是政策與法律的互動，所以不只要在法學院找資料，也要去甘迺迪學院及商學院蒐集，並且閱讀許多聯合國的檔案。

當時，技術移轉是全世界面臨的一大課題，因為牽涉到開發國家與開發中國家之間的矛盾。這個矛盾來自於開發中國家認為，他們會落後都是因為已開發國家把技術全部壟斷、賺大錢，讓開發中國家無立錐之地，所以技術移轉應當要有合理條件。而所謂合理條件，就是要求已開發國家不能加任何限制等等，然而，開發國家也不是笨蛋，乾脆就不來了，這就是過猶不及。

例如，中南美很多國家，法律訂得很嚴格時就沒事做，因為已開發國家不來了；法律訂得太鬆時，就被人家予取予求，甚至剝削。至於亞洲國家則是在夾縫中求生存，法律沒有訂得太嚴，也沒有鬆懈，就是靠行政裁量權，政府批准後就可以過關，接著就靠政府官員來執行；至於政府官員用什麼條例、或是什麼邏輯原則來評斷准或不准？什麼叫利大於弊？或者弊大於利？要怎麼衡量？這就是不同類型的技術移轉管理機制。

如何讓政策與法律都恰到好處，就是黃日燦的論文鑽研的方向。他一方面從政府管制者的角度去制定政策，一方面從技術擁有者的角度去思考，黃日燦感覺，寫博士論文某種程度很像他小時候喜歡玩的那套陸軍兵團塑膠像，一會兒扮演攻方，一會兒扮演守方。但是，博士論文必須要寫出思考邏輯和衡量準繩，且前後一致，還要有原發性的創見，而他偏偏卡在最後一個準備收尾的章節，一直無法串聯上下章節的脈動，整整兩個多月，那時正值波士頓冬季，他每天看著窗外陰暗的天氣、地上骯髒的雪，心情鬱悶極了。

有一天，他走到研究室外的陽台，忽然看到樹上冒出淡綠色的新芽，當下豁然開朗，想通了該如何完成最後章節，回到研究室立刻埋首寫出來，一個多禮拜就完成博士論文交出去，兩天後，指導教授對黃日燦說：「Jack, you are done.」表示沒問題，可以口試了，基本上就是論文通過了。黃日燦立刻興奮地騎腳踏車回家，想趕緊告訴妻子這個好消息，「結果我老婆第一句就說：『你還是一樣要洗碗！』哈哈哈哈。」他在哈佛念書兩年多，唯一有做的家事就是洗碗。

才兩年九個月，黃日燦就拿到哈佛法學院博士學位，破了法學院的紀錄，一般人花五、六年時間才拿到博士學位很正常，有的人會拖得更久，因為畢業後就得回國了，所以寧願待久一點。如果不是因為即將斷炊，他也想多待幾年，這是他最大的遺憾。

畢業前夕，來自紐約的三個工作邀請

一九八三年，黃日燦即將從哈佛畢業時，紐約歷史悠久的大型國際律師事務所高特兄弟，也就是當初聘用他在香港工作的事務所，與黃日燦一起負責中國項目的人立刻打電話來，邀請他回鍋，表示大家都很想念他，中國項目更少不了他。但對於一心想學習更多新事物的黃日燦來說，哈佛兩年多，都是在念書，跟外界接觸少，所以黃日燦告訴對方，他畢業後不會直接回亞洲，想在美國當律師幾年，對方表示沒問題，因為美國的律師事務所也開始做亞洲業務，電腦、通訊設備也開始有了進步，與亞洲客戶聯繫變得方便多了，同時更可以就近與想去中國投資的美國企業客戶在紐約打交道，但他仍然不想被侷限在只能做中國項目的工作領域裡。

正在猶豫是否要接受高特兄弟法律事務所的邀請時，高特兄弟法律事務所的另一位合夥人詹姆斯·休斯（James E. Hughes, Jr.）也打電話給黃日燦，並出旅費邀請他到事務所頂樓的俱樂部一起用餐。黃日燦還記得，事務所就位在紐約中央車站與公園大道的繁華地區，從頂樓往外看，盡是一望無際的美景。

詹姆斯·休斯的主要執業範圍是國際超級富豪的私人投資業務及家族規劃，他聽同事聊起黃日燦的亞洲背景，由於詹姆斯·休斯有不少亞洲的超級富豪客戶，所以常去亞洲，但是他需要一個比他更懂得亞洲的人。詹姆斯·休斯告訴黃日燦，任何有錢人都有兩個口袋，一個是公司的，也就是他的事業；一個是私人的，也就是他的家庭。他對黃日燦說，我知道你做過中國投資相關業務，這是屬於公司這一塊，不會涉及私人這塊，如果你學一點私人業務，不就是把這兩塊都抓住了嗎？

黃日燦聽了也覺得挺有道理，尤其他不是在美國長大，過去處理過的案子都是老闆們的公司事，大家公事公辦，況且他還是菜鳥律師，更不可能與這些老闆們有交情，因此一旦案子結束後，也不知道下一個案子在哪裡，如果能接觸到這些老闆們的私領域，就能建立更進一步關係。

尤其，詹姆斯．休斯提到的超級富豪私人業務這一塊，是黃日燦完全不懂的領域，牽涉到很多超級富豪的生前生後信託，如何做家族規劃，與公司企業完全是兩種業務，後來詹姆斯．休斯也常講：「其實我們做這方面事情最重要不是幫大家分財產，分財產是算數問題，我們不是在算數，是在分權力，將來這個事業該誰管？是大家一起管理，還是分治？分治沒有分權的話，將來會不會有問題？股權該怎麼搭配？這才是真的超級富豪的規劃。」

黃日燦聽了很心動，但又擔心做這一塊，將來會不會脫離現實世界太遠。高特兄弟法律事務所雖然是美國歷史悠久的律師事務所之一，專門為世界各地的企業及私人客戶提供法律服務，卻也是一家非常自由的事務所，所內允許由幾個合夥人各自組成的團隊去執行業務，所以才會有不同的團隊來邀請黃日燦加入。

黃日燦跟高特兄弟的人說，他願意加入，但是他希望工作業務主要是做美國公司及超級富豪的資產規劃，中國投資的業務次要，也就是他想同時做三種業務，美國公司、國際超級富豪資產規劃、中國投資。

高特兄弟居然答應，歡迎他加入。但沒想到過了一週，孔傑榮打電話給黃日燦，表示他跳槽到另一家紐約律師事務所，希望他也一起跟過去。黃日燦只好婉拒，畢竟已經答應高特兄弟，他不想失信。從此，他就跟孔傑榮分道揚鑣，甚至黃日燦到高特兄弟上班後，與孔傑榮加入的律師事務所有些競爭關係，但不影響他們兩人一直維持的長久友誼，後來他發現這樣也好：「如果繼續跟他做，我就繼續提他的皮包。」

這裡有一個插曲，現在大家都習慣稱黃日燦的英文名字為 Jack，其實原本他的英文名字是 Redmond，雖然特別，但是很難念，經常會被別人聽成 Raymond，每次糾正都讓他心累，後來想到之前在台灣工作時，接觸到來自舊金山的美國律師，英文名字就叫 Jack，美國甘迺迪總統也叫 Jack，他覺得這個英文名字好念，就改成 Jack。

沒想到，黃日燦在西北大學念書時，台北國際通商法律事務所負責人楊大智一直想邀請他畢業後到國際通商工作，當時楊大智跟在芝加哥的國際通商總部說，如果有一個名字叫做 Redmond Huang 的人來申請暑假工作，一定要錄取他。但是誰也沒想到，黃日燦改了英文名字，打電話過去，對方不予理會，所以後來他才接受孔傑榮的邀請到香港工作，而且是正式的聘僱。

第九章　華爾街的大律師：

法律叢林教戰守則

「我不要只做一個很強的螺絲釘，
只會一個強項，其他都不會，
然後就一直很輕鬆做這個螺絲釘就好了，
卻沒有學習，也沒有成就感與新奇感。」

——黃日燦

一九八三年六月，黃日燦從哈佛畢業，本來不想參加畢業典禮，台大畢業典禮他也沒參加，更何況如果避開畢業典禮，提早搬到紐約上班，他還可以多領一千多美元，但妻子提醒他，這大概是他最後一次的畢業典禮，還是應該要去參加，照個相留念。

事實上，畢業典禮、畢業旅行對黃日燦來說，都不是一個愉快的回憶。他說：「我從小到大，從來沒有參加過畢業旅行，也沒參加過救國團活動，沒錢啊！我從來沒想過要回家跟父母要錢，說要去畢業旅行。」

知己知彼，創造自己的優勢

畢業典禮後，黃日燦舉家從波士頓搬到紐約，先在紐約皇后區的法拉盛租屋。一上工，黃日燦就忙得不得了，接觸的都是奇特的案子，卻非常適合本來就不按牌理出牌的他，他慶幸自己的選擇是對的。以他的哈佛學歷與香港經驗，他當然可以去華爾街爭取最正宗的大型律師事務所工作，但他覺得如果去了，表現頂多中規中矩，想要出類拔萃很難。首先他並非土生土長的美國人，毫無人脈背景；其次，生活經驗也不一樣，做起來很勉強。

這是因為一九八〇年代初的美國，全球化時代尚未到來，國際貿易、國際海運及國際商務往來不多，當時美國是大陸國家，只注意自己本土的事情，頂多就是發國際債券，例如，法國、英國、義大利政府發債券到美國發行，這是華爾街典型資本市場的生意，但這些都是各國政府與美國政府的往來，或是政府與華爾街的往來。當時美國的大法律事務所很少做國際商業交易業務，僅少數以金融工具做為國際業務開端，做得最好的律師事務所是佳利律師事務所（Cleary Gottlieb），也成為這個市場的老大。

至於高特兄弟事務所，雖然有一百多位律師，在美國不算小，但因為美國本土大案子都是華爾街主流的律師事務所在爭取，所以高特兄弟一開始也不做美國本土案件，而是積極拓展國際市場，尤其是私人公司商業交易。這些私人公司大部分都不是上市公司，也沒有跟美國證管會或是證券交易所密切相關，所以也沒有那些繁文縟節，而是純交易案子，因此創造出各種奇奇怪怪的案件。例如，當時他進入高特兄弟後，參與的案子有軍火交易、開採金礦或是到南非開採鑽石礦等等。

雖然屬於非主流的華爾街律師事務所，但是對黃日燦而言，可以接觸到來自世界各國奇怪、不過分複雜的案子，正好適合他這個菜鳥律師，也才有餘裕兼做國際超級富豪的業務。如果他選擇進入主流事務所，一開始就得承接證券交易法上市案，時間壓力大，很可能還沒度過適應期，就鎩羽而歸了。

不放過任何機會學習，美國人也刮目相看

黃日燦剛進入高特兄弟法律事務所時，非土生土長美國人的他，要進入美國本土大型

律師事務所工作，還是比別人辛苦，第一個要克服的就是英文。

「剛開始連寫董事會開會紀錄都不會寫，」黃日燦說每次要克服自己不懂的，他的獨門絕招就是趕緊看檔案，參考別人怎麼寫。當時他給自己每天的功課就是，每天借一份檔案回家讀，沒有讀完不休息，一個月就可以讀完三十份檔案，靠日積月累的用功，跟上大家的腳步。

在公司業務這方面，跟黃日燦一起工作有兩位合夥人，其中一位合夥人，因為個性有點怪，別人都跟他合不來，但是黃日燦很願意接受他幫忙修改草稿。這位合夥人的字非常小，每次都用紅筆修改黃日燦的草稿。剛開始，退回給他的草稿上都是滿江紅，字體又小，他得費許多時間才辨識得出這位合夥人在寫什麼，但黃日燦甘之如飴，因為仔細推敲後，其實都非常有道理。

「有時候上次那樣改，這次又改回去，所以他也不一定都很有邏輯，但我也不會跟他槓，因為問多了，人家會說你不服氣，我就自己揣摩。」由於黃日燦非常願意虛心接受這位合夥人的指導，加上態度良好，對方也願意耐著性子教他，他因此學到不少如何起草合約和各類文件的要訣。

黃日燦在香港工作時，幫外國人將合約翻譯成中文的過程中，他發現英文其實是很不科學的語言，同樣一句話，經常有兩、三種解釋，容易造成混淆，後來他養成一個習慣，撰文從來沒有贅言贅語。例如，他在寫合約時，同樣的事情若要重複寫，他盡量不用不同的字來描述，甚至連英文 shall 或 will，也是力求一致，絕對不用其他相近意思的單字來替代，力求精準。這是因為寫法律文件不是在寫小說，文字、邏輯一定要清楚精準，他起草合約時，養成一個基本習慣，就是力求邏輯清楚、文字精準，或許他的英文不夠漂亮，但至少都是正確的。

另外一位與黃日燦共事的合夥人，則是完全不同風格，每次他交代的事情，黃日燦寫完交給他時，基本上他都說ＯＫ，不太改黃日燦的東西，但是會跟黃日燦解釋為什麼要做這個紀錄、這是什麼交易、這份文件要注意什麼、有哪幾點一定要寫進文件裡，否則就是白做。

「兩個人給的是不一樣角度的激盪，我就是學習，」有趣的是，黃日燦一方面因為狀子被改得滿江紅，被這位合夥人訓話，一方面他帶進新客戶時，還得指揮這位合夥人如何滿足客戶的需求，等於是兩種心情。不過，黃日燦也從一開始只做會議紀錄，到後來稍微複雜的交易合約文件也都逐漸上軌道。

除了參與各式各樣交易的公司業務外，黃日燦也開始學習如何幫國際超級富豪做家產分配的規劃。這些超級富豪若要將財產移轉到下一代，基本上有兩種方法，一是把財產變成公司，股權就能一代傳一代。假如不是變成公司，就要有一個東西把它包起來，用這個去傳承，基本上就是信託，將財產放到一個信託或類似信託的機制，用信託的管理與分配傳承，而大部分的人都是採信託方式。

黃日燦從做中學慢慢體會到，這些超級富豪的財產規劃從某方面來說，也是在做人力資本管理，如何將家族的智慧、經驗、人才和財富做適當搭配，一代代傳下去。如果家族的人才夠強，如何規劃？如果人才不夠強，又該如何借重外力？這些都是錢、權、才幹的組合，其實跟公司治理沒有兩樣。只是公司治理傳承的不是單一的姓，而是來自股權的權力；超級富豪家產規劃傳承的是姓氏，有這個姓氏才有權力。

他愈深入探究愈覺得自己當初的選擇是對的，可以同時學習公司與超級富豪的財富規劃，兩者之間還可以互相應用。當時美國上市企業基本上已經沒有任何家族在其中，但是亞洲企業無論上市與否，還是以家族為主，黃日燦因此可以跟他們談的話題就更深入廣泛，而不只是談公司的事情，所以後來很多亞洲客戶也都很喜歡他。

不過，同樣地，黃日燦剛接觸這一塊時，也是完全看不懂信託合約，因為他從來沒碰過，而且高特兄弟的業務是以國際為主，很多客戶來自不同國家，需要幫客戶考量的地方也不一樣，但「第一次看不懂，看十次就懂了。」慢慢地，黃日燦可以代替上司開會，比較不重要的案子也能獨當一面，「就像醫生一樣，從本來站在旁邊看，到坐下來看診、問診，開始跟人家有來有往的聊天。」

超越律師角色，贏得無可取代的信任

由於超級富豪資產業務這一塊是當初邀請黃日燦加入的詹姆斯．休斯所負責，他在詹姆斯．休斯身上學到許多，既集各種優點於一身，也是一位深富修養及文化內涵的律師。他總能從人性角度看客戶，在執業過程中，他的人格特質也形塑了他的個人風格，因此建立了他的客戶人脈，跟客戶交往就像老朋友，水乳交融。

但正因為詹姆斯．休斯很有修養，若需要催帳時就拉不下臉來催客繳錢，所以後來都靠黃日燦去幫忙收帳。

也因為做超級富豪這方面的業務，讓黃日燦看到來自世界各種面貌的超級富豪，有非洲皇后、南美女富豪，以及來自印度、歐洲、非洲、阿拉伯、東南亞的有錢人，開啟他另一個世界。

「有的真的很有教養，有的貴婦鼻子朝天等等，這就是超級富豪。」黃日燦還記得，有一位南美最有錢的女富豪，也是全世界最富有的女性之一，有段時間沒有出現，聽說得了愛滋病，當時大家對愛滋病不熟悉，都害怕被傳染。有一天她忽然表示要來事務所，因為她每次跟大家見面都會來個大擁抱，所以那一天，很多人都藉故有事離開，黃日燦也很掙扎，但覺得如果避而不見，似乎不太禮貌，等到女富豪出現在接待室時，他如常去接待她，後來這位南美女富豪感動地對他說：「Thank you, very appreciated.」

由於高特兄弟做的國際業務，其實還是在做美國法，也就是幫外國客戶處理在美國的事情及徵詢法律意見，像是外國富豪想來美國買公司，進行商務交易，又或者日本 Nissan 汽車要銷往美國，需要處理很多法律問題等等。他逐漸看到律師角色的各種可能性，一方面雖然擔任美國律師很受限制，因為在美國任何州擔任律師，就要有該州的執照，在紐約當律師，就要考過紐約的資格考才行。

另一方面，這個角色也很活絡，尤其是在商務這一塊。「假設有很多客戶找我去中國投資，因為我懂中國，所以我幫他做，但他如果忽然改變主意要到日本投資，難道我會停下來，叫他去找懂日本的律師嗎？不會，我會幫他找一個日本律師，但我繼續主導協助客戶。」這時候他的律師角色就有點像是大廚，每一個國家的律師是小廚，由他來分派工作。

這讓黃日燦領悟到，律師的角色並非一板一眼，其實有更多功能，也埋下他日後回亞洲，主持眾達法律事務所大中華地區業務時，有更多創新的思維與發展。

有實力，到哪都受歡迎

他一方面需要花更多時間去適應環境與英文，加上他自己又兼攬兩種以上的業務，為了急起直追，只要有空檔，他就去檔案室借卷宗來看，這也已經成為他的習慣，公司的檔案室永遠是最佳、又最快的學習地方，從檔案去翻閱別人努力蒐集或撰寫的精華資料。他說：「檔案很好用啊，因為人家已經收錄了，有用才會收進來，例如不同國家的法律交易有什麼不一樣，我一看都是我不懂的，就看一看。」

當時他在法拉盛地區租屋快一年，環境較為吵雜，朋友住在曼哈頓北邊的白原市（White Plains），雖是有名的富裕郊區，但也有不貴的房子，黃日燦於是和妻子前去看屋，最後在臨近長島灣海邊的優美小鎮拉奇蒙特的一個漂亮社區裡，看到一棟位在溪邊、風景奇佳的小房子。由於這個小鎮有很多聯合國外交官都在此居住，學區很好，房子首付都是從四、五萬美元起跳，這棟房子價格雖然不是太貴，約十幾萬美元，但也不是當時年薪三萬多美元的他可以負擔得起。

不過，事後證明妻子堅持勒緊褲帶，借錢也要買下來是對的。因為他們買下房子後，才半年房價就大漲，從十幾萬很快變成三十幾萬美元。當時美國的房價漲得太快，如果當初他們沒有立刻買下，可能要經過好幾年才有能力買房。

剛買房搬進去時，日子過得非常辛苦，黃日燦的戶頭只剩下一百五十美元，他還記得一個月後，冰箱壞掉，修理費就要一百三十五美元，所以有一年多的時間，他是典型的月光族，月初薪水進來，很快就變成零。

幸運的是，一年多後，美國私募基金LBO（Leveraged Buyout，又稱槓桿收購）風潮興起，大量挖角投資銀行的人，投資銀行則去挖角律師事務所的人，華爾街的律師事務所深怕律師都被投資銀行挖走，只好大幅漲薪，黃日燦的年薪也從原本三萬多美元漲到四萬多美元，解了他的燃眉之急，日子終於過得比較輕鬆，他的律師生涯從此也平步青雲，再也沒有為錢所苦。

黃日燦一家在拉奇蒙特這棟美麗的小房子住了三年多才搬到附近較大的房子。由於這個地區早期是拉奇蒙特家族的私人花園，環境特別優美，到處花團錦簇，秋天時，滿眼都是燦爛的楓葉，他每天走路去火車站，通勤去曼哈頓上班，沿途都是楓葉美景。

黃日燦利用每天上下班坐火車時間大量瀏覽借閱的檔案，他從這些檔案裡發現，原來西方中世紀開始，就存在類似信託的機制，無論是教會財產，從主教傳到下一個主教，或是以前歐洲諸侯、王公貴族、城堡領主，都透過這樣的方式代代相傳，由口語指定繼承人到後來逐漸法制化，讓他對現代法治與商業組織的發展演變有了更全面的認識，在執業上也更有幫助。

就這樣從一九八三年秋天進入高特兄弟法律事務所，經過兩年的大量自習與努力後，他逐漸游刃有餘，從一開始每天進公司不知道會碰到什麼狀況，每分每秒都誠惶誠恐求生存，而同事也不太理會他，因為他還不太懂得如何用英文跟他們聊一些像是足球的日常話題，到後來能跟同事輕鬆相處，把他當同類看待，找他聊天或是出去吃飯，有共同話題，不再被當成老外。

「Somehow 我還是有可取之處，我的英文還是有點口音，但假如我一無是處，別人也不會把案子交給我做，有多少人進來事務所一年就被踢走了，我大概還是有幾把刷子的。」黃日燦很清楚在美國職場講求的是實力。

見客戶談生意就輸了

除此之外，黃日燦踏入律師工作以來，一路上很幸運，都有資深的法律人像導師（mentor）一樣，開啟他對法律界的認識。「徐小波等於是第一個開了我的眼界，讓我看到法律不只是法律；孔傑榮又開了我另一個眼界，讓我看到世界一流的大師是怎麼在運作法律的；至於高特兄弟的詹姆斯．休斯又是另外一種風格，開啟我對超級富豪私人口袋和家族規劃的眼界。」在工作上建立信任感之後，詹姆斯．休斯也對黃日燦表示，如果有興趣，可以開始去跑亞洲業務。

黃日燦還記得第一次去亞洲時，是詹姆斯．休斯帶他去的，他在旁親身觀察詹姆斯．休斯如何與客戶交往，如何開口跟客戶談話。詹姆斯．休斯厲害的是，他開口基本上不談生意，而是談文化，或是聊最近的新聞、問候客戶家裡的情況，等下次再見時，就很容易和客戶成為朋友，業務也因此變多，而且都是客戶開口問詹姆斯．休斯。「哇！這讓我學到了，你一開口談生意，就輸了，什麼都可以談，就是不談 business。」

自此，黃日燦開始勤跑東南亞，從紐約飛到香港就是十八個小時的長途飛行，再往南去東南亞，里程數又更長。他還記得有一次到印尼的泗水，轉機加上班機遲飛，竟然就耗掉三十七個鐘頭。他又精打細算，因為他還是菜鳥律師，如果坐商務艙出差，去一趟沒有拿到生意回來，要再去一趟就難了，如果改坐經濟艙，可以出差兩次，拿到生意的機會也比較大。

那時他才三十歲出頭，長途旅行他並不覺得辛苦，頂多覺得經濟艙擁擠，但他可以盡情看小說看個過癮，從湯姆．克蘭西（Tom Clancy）的軍事小說到各式各樣的法律或偵探小說。

亞洲跑了幾次，黃日燦覺得自己也可以開發出客戶來，加上因為經常長途飛行，有時他會中途回台北停留一下，跟台灣的企業開始有了接觸。例如，中國信託銀行到紐約設分行、中租在美國的房地產投資業務、永豐餘在海外的商務糾紛和交易，都是黃日燦協助這些台灣企業解決。他早已經不是小時候那個渴望出去看一看廣大世界、卻身無分文的少年了。經過幾年的工作洗禮，長途商務旅行的所見所聞，他對世界有深刻觀察，可以分享許多趨勢給台灣企業家們參考，這些企業家也愈來愈倚重黃日燦，不只是公事上的需求，到美國參展、公務出差之餘，甚至是觀光，都會找黃日燦一起參加，黃日燦與台灣企業界的連結也愈來愈深，大家都知道紐約有個 Jack Huang，可以幫忙處理企業在海外碰到的各種疑難雜症。

另一方面，雖然黃日燦在高特兄弟法律事務所負責的是歐洲及亞洲客戶在美國的業務，但多半是來自不同國家的企業去投資美國公司，或是到美國開拓市場，少有併購案，更遑論大規模的併購案。有時，他跟客戶談了半天，其中比較大型的企業想進入美國做規模較大的併購交易，最後都是找別的美國本土大律師事務所。

換言之，美國本土的大型併購案還是由主流的美國大律師事務所承接，高特兄弟做的國際業務在當時屬於非主流。他雖然很幸運地從非主流切入，但是到了一九八六年，他開始看清楚一件事，那就是高特兄弟法律事務所跟這些國外企業交易，引他們進入美國市場，但是一旦進入美國本土，若要做併購，立刻就被其他的大律師事務所搶走，等於是為他人做嫁，而一九八〇年代，真正的主戰場紐約的併購潮已經開始了，這些想做併購交易的國外公司，都跑到別家事務所去了。

舉例來說，一家國外公司想要來美國投資，剛開始都是高特兄弟法律事務所協助他們設立公司，等到這家公司成長到一定程度，他們就會換到美國其他的律師事務所去。「高特有點像是在開雜貨店，跑單幫，而華爾街那些主流律師事務所就像羅馬兵團、蒙古大軍，」黃日燦說。

雖然在高特兄弟接觸的都是一些奇怪又有趣的交易案，一起共事的同事也非常有意思，都是疑難雜症的解決高手，但是從一九八三年到一九八六年，黃日燦在高特兄弟工作三年後，開始覺得自己在工作上應該要更上一層樓。即使黃日燦在工作上已經駕輕就熟，但他向來比一般人提早思考工作的下一步。

果然，機會是給準備好的人。

眾達挖角，晉升美國主流律師事務所

一九八六年，美國最大的律師事務所之一、眾達法律事務所想要走國際化路線，正在崛起的亞洲市場，是他們非常看重的一塊，高特兄弟法律事務所因為長期經營國際市場，成為他們挖角的目標之一。

擁有一百多年歷史的眾達，一八九三年成立於美國俄亥俄州克利夫蘭，當時在全美已經擁有多間分所的眾達，為什麼一九八六年想要開始拓展國際腳步？答案是全球化時代已經來臨。

黃日燦指出，當時美國中西部是工業重鎮，有一段時間，美國五百強企業總部很多都設在克利夫蘭，因此成為眾達的客戶，眾達不僅成為克利夫蘭最好的律師事務所，也是美國中西部產業律師事務所的佼佼者。

一九七〇年代以前，美國的律師事務所都很當地化，每一個大城市都各自有主流的律師事務所，大家井水不犯河水，但一九七〇年代以後，開始產生變化，美國中西部的公司開始拓展生意到全美各地，總部也紛紛搬離，律師事務所也跟著在全美各地設置分所，從local law firm（在地法律事務所）變成 national law firm（全國法律事務所），眾達算是最早的一波，但是來到一九八〇年代中期時，這些 national law firm 發現美國很多企業開始變成跨國企業，不論是到國外投資設廠，或是到國外買外國公司，逐漸將生產發包或是到海外生產，把觸角伸到國際，這就是全球化的開始。

與高特兄弟不同，在接引外國公司進來美國，這些公司就換另一家律師事務所，眾達則看到這些美國企業一旦跨國出去，他們就變成二手的律師事務所，因為他們不太擅長處理非美國本土的交易，企業只好改找別的律師事務所幫忙。當時有國際經驗的美國律師事務所大概不到半打，眾達先是與 Surrey & Morse 合併，而 Surrey & Morse 與高特兄弟類似，也是一家國際律師事務所，各種疑難雜症的交易很多，在華盛頓、紐約、倫敦和巴黎都設有分所，但眾達併進來後又發現，Surrey & Morse 什麼業務都有，就是亞洲的業務不夠多，所以才又去挖角亞洲業務很強的高特兄弟。

眾達於是將詹姆斯・休斯整個團隊都挖角過去。不過，當時被挖角過去的合夥人律師是不能先挖角其他非合夥人的同事一起過去，這是不容違反的忠實義務規範，但是他們要離開前也不斷向黃日燦暗示，說他的角色既重要又熱門，很快就會打電話要他過去。

果然，這些被挖角的合夥人去眾達沒多久，眾達就發現，原來最懂亞洲市場的人還沒來，那就是黃日燦。當時他只不過是非合夥人律師，但是眾達說，黃日燦是交易的一部分，少了他，就失去戰略上很重要的一塊。

一九八六年，黃日燦第一次飛到克利夫蘭面試，在那裡與他會面的是眾達的最高主管、管理合夥人迪克・波格（Dick Pogue），也就是黃日燦口中的「老大」。在眾達，所謂的管理合夥人，不只有權制定所有管理決策，還包括指定繼承人，有點像是天主教會的教宗。

就算身經百戰，但是面對美國一流事務所的最高層，黃日燦還是有點緊張，面試時不知道對方要跟他聊什麼。結果迪克・波格先是問黃日燦香港情形，因為他在香港執業過，接著話鋒一轉才表示，眾達決定要到香港開分所，詢問他這個決定好或不好？

這場面試讓黃日燦覺得有趣的是，一開始，黃日燦的回答中規中矩，表示很好啊。波格看出他有點敷衍的回答，於是看著他說：「Jack，首先，你已經被錄取了。這個面試更多的是讓你面試我們，不是我在面試你；其次，我認定你已經是我們的成員之一了，除非你拒絕。所以坦白告訴我，你是怎麼想的？」黃日燦才知道，原來眾達不是在面試他，而是一定要他。

既然對方明說，黃日燦也直截了當地回答：「我認為時機不對。」原因除了當時中國宏觀調控政策外，眾達到香港設分所，派的是兩個老美，黃日燦不認為這兩位只會講幾句中文的老美可以勝任這個工作，畢竟這是亞洲，到香港設分公司，將來還要從香港進到中國大陸去，必須要找會講流利中文、懂得中國文化的人才對。

「They are supposed to speak Chinese.（他們應該會說中文）」波格說。

「Yeah, they speak Chinese with you, but they can't really speak Chinese with the Chinese.（是的，他們是和你說中文，但他們沒辦法真正和中國人講中文）」黃日燦回答。

波格聽了懊惱地說：「但是我們已經做出承諾了。」因為當初眾達在合併 Surrey & Morse 時，就已經承諾讓 Surrey & Morse 的人去新開的香港分所工作，做為交換條件。箭在弦上，不得不發，眾達還是如期在香港開出亞洲第一間分所。一九八六年下半年，黃日燦告別高特兄弟，加入眾達，正式晉升華爾街的主流律師事務所。

不做螺絲釘，不斷攀峰登頂

進入眾達後才發現，主流律師事務所的客戶跟高特兄弟完全不一樣。黃日燦在高特兄弟做的交易雖然特別，但是與美國本土企業的牽連性不深，「高特的客戶有時候我都念不出他們的名字，這裡的客戶都是知名企業，都是 big names。」對黃日燦來說，又是新挑戰的開始。

黃日燦比喻，來到眾達，有點像是從支流進入密西西比河主流，每天事務所做的交易也不是寫合約而已，而是經常要審查各種資料，尤其很多交易都是跟美國的州法有關。以前在高特兄弟時，因為是做國際交易，不太需要考慮州法，但是眾達處理的都是美國人與美國人之間的交易，很多都是依據州法而不是聯邦法，需要重新學習，對他來說，又是一個快速成長。

黃日燦感慨地說：「我一輩子很少有一招就可以走天下很久，閉著眼睛就可以混。」他在高特兄弟工作三年，好不容易把美國的國際法律搞清楚，對超級富豪的這一塊業務也開始上手時，就跳槽到眾達，一切又重新開始。

但是他也很清楚自己的個性：「第一，我不要只做一個螺絲釘，所以這輩子我不要只有一個老闆，一輩子都要聽一個人的，我覺得很無聊。第二，我不要只做一個很強的螺絲釘，只會一個強項，其他都不會，然後我就一直很輕鬆做這個螺絲釘就好了，我不要。」如果一直重複做一件事，做到閉著眼睛都會做，然後繼續做，對他來說，就只是工作賺錢而已，卻沒有學習，也沒有成就感與新奇感。

此外，黃日燦之所以挑律師這個行業，主要是律師沒有老闆，他可以獨立作業，所有的客戶都是他的老闆，但是沒有一個人可以決定他的生死；其次是律師面對的客戶經常在變，只要他願意，又做得不錯，什麼領域或行業他都可以碰觸。

因此，雖然眾達看中的是他的亞洲經驗，但黃日燦再度提出要求，他要在紐約做美國的交易，尤其是美國正好進入併購熱潮，他加入眾達，可以做美國本土併購交易案，於是黃日燦再度開始在同一時間內同時學習兩種以上的新事物。他一方面帶領亞洲業務這一塊，另一方面，眾達也信守承諾，美國的本土併購交易案也讓他參與，黃日燦因此有機會承接，甚至主導了幾件美國八〇年代本土著名的併購案。

第十章　一戰成名：躬逢八〇年代華爾街併購熱潮

「大家都罵這群瘋狂投資者是禿鷹，
但從某些人的角度來看，禿鷹也是好鳥，把爛的東西清理掉。」

——黃日燦

在黃日燦加入眾達之前，一九八六年上半年，他還在高特兄弟時，美國在一九八〇年代，發生了有史以來最大的內線交易案——「垃圾債券」（Junk Bond）醜聞，震驚了整個華爾街。大家不知道的是，黃日燦在這個被寫入教科書歷史的交易醜聞裡，其實扮演了一個看起來不起眼、卻非常關鍵的角色。

八〇年代華爾街最大內線交易醜聞

一九八六年上半年的某一天，黃日燦接到高特兄弟南美超級富豪客戶一位交易員打來的電話，這位交易員是美林證券在委內瑞拉首都加拉加斯分行的經理，他開頭就問：「Jack，我有一個問題，你可以幫我嗎？」他告訴黃日燦，他接到美國證管會（SEC）的傳票，要他來紐約接受詢問，這件事讓他很緊張。黃日燦問他，SEC要問什麼？對方表示，因為他有一個來自瑞士瑞聯銀行（Bank Leu）的客戶，在他們分行有一個帳戶，經常做股票交易，而且很賺錢。這位交易員觀望了一陣子之後，也跟著這位客戶的交易買賣，也都賺錢，結果現在SEC要詢問他關於這些交易的事情。黃日燦又問他：「喔，這樣子有違反美國法律嗎？」對方說：「你是美國律師，怎麼會問我？」

黃日燦先安撫他，請這位交易員等一下，讓他先去了解一下，同時黃日燦去詢問高特兄弟裡做美國證券法業務、跟他一起打壁球的同事。這位同事聽了以後表示：「還好，應該只是違規，並不違法，這個叫做Parallel Trade（平行交易）。」照理說，交易員是不能學客戶下單做買賣，這是違規的，但不違法。假如你只是跟著客戶下單，沒有其他的不法交易，就像是你的朋友都在買這支股票，你也跟著他買，這樣就一點事也沒有。「你跟他講，這應該沒事，但他如果不來的話，說不定就開始有事了，他應該要來。」黃日燦的同事表示。

黃日燦轉述同事的建議給美林證券的交易員之後，這位交易員聽從建議，飛來紐約接受美國證管會的詢問，並由給出建議的這位律師同事陪同。「果然，美林證券因為這件事就把他開除了，因為這是不應該做的事，但他說，開除是最小的事，因為他已經賺了很多錢了，所以他也很感謝我。」黃日燦說，這件事在當時看起來沒什麼大不了，但沒想到以為只是一條小草繩，慢慢地就拉出一隻腳，然後是兩隻腳，最後是一頭大象，把黃日燦都嚇了好一大跳。

因為在這通電話過後沒多久，美國當時的聯邦檢察官，也就是後來擔任紐約市長及前美國總統川普個人律師的朱利安尼（Rudy Giuliani），早就開始在追蹤華爾街的內線交易案，他第一個抓的就是丹尼斯．萊文（Dennis Levin），也就是垃圾債券之王麥可．米爾肯（Michael Milken）的同事，被抓去詢問，過一陣子又抓了羅勃．佛里曼（Robert Freeman）與大衛．布朗（David Brown），這兩位都是高盛銀行的合夥人，後來另一位合夥人，總共三位高盛合夥人都被抓去，這在當時是非常驚人的發展，也是高盛從來沒有過的事，因為當時高盛正處於如日中天的全盛時期，因此成為華爾街的天大消息。

黃日燦回憶，當時《華爾街日報》、《紐約時報》，天天都有最新消息，他們律師事務所的每個人就像在看連續劇一般，每天上班都先去看今天報紙的頭條，有什麼新的發展。後來抓到伊凡．博斯基（Ivan Boesky），也就是八〇年代華爾街的傳奇人物，人稱股票炒作者之王，「那時候最囂張的，全部都被抓起來，都是內線交易。」

至於為什麼會引發這一連串的效應？還是回到黃日燦當初接到的那通電話，打電話給黃日燦的那位交易員，他的客戶就是瑞聯銀行，而那位交易員就是看著瑞聯銀行替丹尼斯．萊文下的單都賺錢，所以也跟著下單。而丹尼斯．萊文為什麼可以如此神準？黃日燦說，這是因為當時高盛天天在做併購案，都是內線消息，所以高盛幾位高層，包括羅勃．佛里曼，透露了內線消息給丹尼斯．萊文、伊凡．博斯基等人，所以導致一連串的骨牌效應。

「伊凡．博斯基已經是鯨魚喔，結果，伊凡．博斯基又牽扯出垃圾債券之王麥可．米爾肯，導致麥可．米爾肯也被抓，那時已經不是鯨魚了，是比鯨魚更大的魚，」黃日燦說，整個八〇年代的併購熱潮、槓桿收購、垃圾債券的熱潮，於一九八七年到八八年之間，因為這場內線交易醜聞喧囂一時，在進入一九九〇年之前，走到了尾聲。

「電影『華爾街』就是在講那時我們眼睜睜看到的人啊，演員麥克．道格拉斯演的角色就是這個內線交易醜聞的某個人，他們就是這個樣子。」黃日燦說。

起初，黃日燦在觀看這場世紀內線交易風暴時，還沒意識到跟自己有關係，一直到這許多猖獗的內線交易串連在一起，才知道導火線就是那通電話，就是因為黃日燦建議那位美林證券交易員到美國接受SEC的詢問，才被SEC和美國聯邦檢察官抽絲剝繭，將整起事件從一條草繩，最後拉出一隻巨象，他才恍然大悟，原來起因於他接到的這通電話。

高特兄弟的同事後來對他說：「Jack, you created a monster.（你創造了一個大怪物）」黃日燦也說如果當年他叫這位交易員不要來紐約，後續的這一切發展，可能就不一樣了。這場內線交易醜聞後來被寫成著名的暢銷書《老千騙局》（*Liar's Poker*），而書中有一個附注，提到了美林證券這位交易員當時打了一通電話給一位紐約律師，「那位律師指的就是我，結果沒寫我的名字，」黃日燦微笑說：「這就是我對八〇年代華爾街資本市場最大的貢獻。」

這件事後續還有一個插曲，當初擔任聯邦檢察官的朱利安尼，其副手卡伯里（Chuck Carberry）後來退下來，轉任到黃日燦服務的眾達法律事務所，負責白領犯罪方面的業務。他來向黃日燦打招呼時，黃日燦對他說：「You owe your career to me.（我成就了你的事業）」對方疑惑地問：「How come?（怎麼說）」黃日燦就跟他說那通電話的故事，對方聽了頻頻點頭說：「原來如此，我們一直在想，誰是那位接電話的律師？」

洞察事物本質，拿捏分寸

一位來自台灣的華人律師因緣際會，不僅親身見證了美國八〇年代併購風潮下，華爾街瘋狂投資者從事的各種投機行為，對於八〇年代的華爾街金錢遊戲，也有非常深刻的觀察。

一九八七年，電影「華爾街」裡，麥克．道格拉斯講了一句經典台詞：「貪婪是好事（Greed is good.）。」這句話事實上取材於一九八六年五月，華爾街傳奇人物伊凡．博斯基在加州大學柏克萊分校的畢業典禮上的一句話，後來也變成商界名言：「貪婪是可以的（Greed is alright.）。」

黃日燦說，雖然「華爾街」這部電影有些戲劇化了，但整部電影到最後就是在講貪婪，而華爾街的動力就是貪婪。連股神華倫．巴菲特（Warren Buffett）都講：「當別人貪婪時保持恐懼，別人恐懼時展現貪婪（Be fearful when others are greedy. Be greedy when others are fearful.）。」「你不貪婪，你也不會努力，只是要貪婪到什麼程度，要有限度。假如大家都沒有貪婪之心，每個人都是日出而作，日落而息，我們現在還在農業社會，大部分人活不到四十歲就死了，看起來美好，其實很可憐。」這是黃日燦對貪婪的詮釋。

很多人都罵華爾街的貪婪之風，但是黃日燦曾經身處其中，有不同的想法。他認為華爾街如果沒有看到機會就衝，很多事情的進展就很緩慢；它進展緩慢，被影響到的，或是需要它的，就會更慢，漸漸就變成一灘死水，所以事情都有兩面。他所經歷的八〇年代的華爾街就是這個樣子，只要有機會就去搶全世界。做投資銀行的人就像遊牧民族一樣，一旦發現某個產品當紅就很敢衝，大力推銷，推完了之後，如果不紅，就趕緊再換下一個。

「華爾街不會有一個產品，像做烤土司機一樣，可以一用一、二十年。產品會變，法律會變，市場利率會變，人的興趣會變，需求也會跟著變，對華爾街來講，所有的東西都是變動的，所以它都是跟著交易走。」黃日燦也指出，大家都罵這群瘋狂投資者是禿鷹，但從某些人的角度來看，禿鷹也是好鳥，把爛的東西清理掉。他舉例，一九八〇年代很多看起來很偉大的公司其實很笨，很多地方都沒注意到，或許公司的市值只有三十億美元，但是擁有的資產可能不只三十億美元，尤其當時法令並沒有規定企業所有資產一定都要反映市價，進行資產重估，當時電腦也才剛開始使用，多數企業尚未使用電腦結帳，有的公司財報上有一棟大樓，看起來只值一億美元，因為他們只把它當做自用的商業大樓，經過一年一年的折舊，所以只剩下一億美元的價值。

但是換一個角度來看，這棟商業大樓在曼哈頓的市中心，其實市值已經達到二十億美元，說不定還比這家公司本身的市值更多，「所以那時候，忽然間大家發現原來在睡覺中的企業巨人很多。」這時，如果有投資者有眼光、膽識，只要買進足夠股份，就可以將它翻天覆地，重新來過，為什麼不做？

「假如股東的持股被我買走，不是我欺負他們，是你（原來的經營者）欺負他們，他們的股價一股應該五十塊，在你掌舵經營下只剩五塊錢，我不買這家公司，它還是五塊，我現在用十塊買，後來我賺四十塊，那是我的本事。你明明坐在那個椅子上，是你在經營，為什麼不把公司經營成五十塊一股呢？華爾街本來就是這樣子，要不然華爾街要做什麼長期的經營？或是長期的產品？」

「或者說，你只看你自己的企業，我卻看到其他可以跟你競爭或是互補的，我同時把三家併合，一加一加一，變成五，那也是我的本事。假如你說我這個是無中生有，那你做啊，不要等我做，還讓我做成了，這就是資本主義，就是自由經濟。」黃日燦指出，事實上禿鷹這個名詞的流行是始於美國前財政部長威廉．西蒙（William Simon），西蒙從政府官員職位退下來後，就去做槓桿收購，成立一家槓桿收購公司，成為八〇年代槓桿收購的先行者。西蒙最著名的案子就是將一間多角化經營的企業集團買下，只用不到一年的時間，賣了三個資產，就將他併購那家公司的所有資金都賺回來了，而其餘剩下的資產後來也都賺錢。

為什麼西蒙收購之後可以賺錢？黃日燦解析，因為西蒙所收購的這家公司是國際集團，有很多帳面上看起來沒有價值的東西，其實都很有價值，這家企業自己不知道，而西蒙獨具慧眼、見人之所未見，把那家公司應有的價值實現出來。西蒙就是在做禿鷹的角色，讓資本市場汰換經營不良的企業高層主管。黃日燦認為，台灣人批評 private equity（私募股權）其實有點冤枉，如果經營者自己資訊不明，經營不良，當然要換人做做看，否則是糟蹋股東。

當然，有些併購推展到極致，就會開始過頭，本來這家公司的體質就不好，一些不良的投資者買下後又開始壓榨，借貸很多錢，再把錢拿走，讓公司背負貸款，如果錢不夠，就減薪、裁員，殺雞取卵，這就是惡劣的併購。

「有！不是沒有！但所有的事情都有利有弊，過或不及都有可受批評之處，你原來的經營者也常在殺雞取卵，不是我出手併購就是道德原罪，我是看到一個機會，這個機會是你創造給我的，我完全符合法律，你們都在睡覺，那不能怪我，我又沒有下毒。所以你的無能不可以算在我頭上，不能因為你的無能，我就不能利用這個機會取而代之。」所以黃日燦經常講：「併購只是一個手段，沒有什麼道德的好或壞，剛好適合就對了。」不過，他又提醒，當時的適合跟兩年後是否適合，其實很難下定論，因為有的併購一開始以為是天作之合，兩年後可能才發現是怨偶；又或者一開始併購時不太好，但經過兩年兜兜轉轉，大家皆大歡喜；又或者開始很順利，後來卻因為大環境變動，導致沒有太了不起的結果。

身處槍林彈雨的華爾街，創造歷史

美國的併購潮在進入八〇年代後蓬勃發展，敵意併購也從那時風起雲湧，在此之前的併購大都是善意的合議交易，但進入八〇年代以後，忽然間敵意併購如雨後春筍，不僅對黃日燦這個新進者來說很新奇，就連做了幾十年的資深律師都覺得瞠目結舌，這些律師身處華爾街槍林彈雨的資本市場裡，見識別人如何擋子彈，又如何一刀刺回去，各種招式簡直五花八門。黃日燦說：「什麼代表股份的表決權，居然可以分大小，沒關係，那我們董事的改選就分期，每次只能改選三分之一等等，反正兵來將擋，水來土掩，這些都不是我坐在學校裡念書學的，（戰場上）哪有時間給你完美，能夠抵擋一下，多活五分鐘就有機會。」

併購潮導致各家律師事務所接案一堆，大缺人才，也到處挖角，新進者不管行或不行，都會被塞到一堆交易裡去忙碌，「就好像把你丟到游泳池，活得下來就活下來了。」黃日燦剛加入眾達時，因為不是專做併購出身，心裡其實很慌，也不篤定，尤其眾達的律師大部分都很扎實地從基層做起，工作五年之後才開始獨當一面承接併購大案，他在高特兄弟雖然也做了幾年，但他不是幫超級富豪設立信託、進行私人投資或家族規劃，就是幫國外企業解決在美國的各種法律問題，參與併購案的經驗有限，更遑論美國本土併購案件。

「某種程度，我是被揠苗助長，」他說自己初到美國念研究所時，連日常英文都表達不好，從一個懵懵懂懂的年輕小夥子，到可以在華爾街一流的律師事務所內，跟一群頂尖的律師一起共事，甚至比他們早一步升上合夥人，成為眾達有史以來第一位華人合夥人。

他是怎麼做到的？黃日燦說：「我一點時間都沒有耽誤，很多事情我都會做，雖然我不是每件事情都是最頂尖的那位，但是最頂尖的那一位，通常其他事情都不懂，因為他很快就只專注在自己領域裡，變成 specialist（專才），而我是 general specialist（博通的專才），或是 specialized generalist（專精的通才）。」

當別的律師只專精在某個特定領域時，黃日燦卻像是開雜貨店一般，接觸的領域非常廣博。他在香港工作，學習企業高層及大師進軍中國的決策過程；進入高特兄弟，承接外國人到美國投資的業務；幫超級富豪服務，了解有錢人、一家成功企業與一個集團創辦人如何將他的財產、權力傳承下去。他很早就跳出只是一個執業律師的角色。

而他交出的成果又比雜貨店的貨品品質更高，黃日燦說：「有很多東西已經是到了華爾街的 level，如果你說我是專才，但我除了會做併購，還會做資本市場的風險融資、信託規劃，以及其他各種商業投資交易，別人卻不會，所以我既是專才，又是通才。」

黃日燦慶幸自己一開始選擇的是高特兄弟，因為傳統華爾街的主流律師事務所，每位律師就像工蜂一樣，在特定的領域裡發揮最大產能就好。例如，負責 IPO（首次公開發行）的人，就把公開說明書寫得盡善盡美，價廉物美又一本萬利就好，其他領域的事情都跟他無關，也不太需要去見客戶，但是黃日燦在高特兄弟，自主權大，可以自己去找客戶。

加入眾達後，一開始就忙碌不堪，在一九八六年到八八年之間，基本上他都是以那一年做了什麼併購交易，以及每個交易大概花了幾個月結案來記憶，忙到實在沒時間去想升任合夥人的事，更何況他本來的打算是，做個兩、三年就回台灣。

然而，身處八〇年代華爾街的他，最精采的莫過於許多敵意併購案接二連三上演，他們每天都在想新的防禦招數，所以後來很多名詞，包括「焦土政策」、「黃金降落傘」等等，都是眾達和當時華爾街幾個律師事務所想出來的。「很多防禦招數都是我們想出來的，那時覺得好像天天都在創造歷史。」黃日燦站在第一線參與盛況，覺得非常精采，捨不得只工作幾年就回台。

另一方面，雖然黃日燦在高特兄弟時，已經有亞洲客戶，但是對於眾達這樣的大律師事務所來說都是小客戶，他的專業已經達到與同事一樣的水平，甚至比他們涉獵得更廣，但如果要晉升為資深合夥人，他需要能在美國本土市場站定腳跟。

躍升眾達全球首位華裔合夥人

一九八六年到一九八八年，對黃日燦是相當關鍵的三年，他經手了幾個大案子，證明了他的實力。

第一個案子是一九八六年到八七年，美國克萊斯勒集團收購美國汽車公司（American Motors Corporation，AMC）。AMC主要是生產吉普車系列，當時它的股東是法國雷諾公司，後來雷諾經營不下去，就賣給克萊斯勒。克萊斯勒是當時的汽車之王，紅透半邊天，眾達代表AMC跟克萊斯勒談判，黃日燦在其中，主要負責這個大型併購案的商業合約，因應很多盡職調查（due diligence）事項。

做這項工作必須要整理得非常清楚，對方有問題時，也必須能夠及時回答，所以黃日燦花了很多時間去了解汽車產業的所有供應鏈合約，也對整個汽車業的生態非常熟悉，後來他返台擔任裕隆集團特別顧問，正好可以用上這些經驗，而AMC後來協助北京吉普汽車公司生產吉普車，在中國市場大賣多年。像這樣大型的美國本土企業併購案，是黃日燦在高特兄弟從來沒有接觸過，即使克萊斯勒與AMC併購案，並非由他主導，但他卻因為參與而進一步磨練出併購的專業，而且做得相當好。

緊接著，一九八七年，黃日燦同時參與了兩個大型併購案，其中一個案子更是由他主導。首先是日本西武集團收購洲際飯店集團，當時洲際飯店集團是英國企業Grand Metropolitan所擁有，而洲際飯店集團在Grand Metropolitan買下之前，已經被買賣過三、四次，在過去十幾年裡一直換股東，西武集團在當時聲勢如日中天，集團負責人堤義明也被《富比士》（*Forbes*）評選為世界首富。眾達代表西武集團去收購洲際飯店集團，黃日燦負責盡職調查，進行風險評估的事前診斷及確認對方是否值得投資。

這項交易因為西武集團砸下三十七億美元買下洲際飯店集團，成為當時全球最大的企業併購案，而洲際飯店集團在當時約有八十幾家酒店分布全球各地，在完成這場併購前，黃日燦卻只有兩個多月的時間進行收購前的盡職調查。

「兩個多月要搞清楚所有酒店有沒有問題，而且它們分布在不同國家、不同城市，連我們的高層也沒有處理過。」這時，過去在高特兄弟的國際經驗，以及上一個案子AMC所訓練出來的專業技術，正好派上用場。黃日燦首先在洲際飯店分布的每一個國家，找到當地的法律顧問，因為由當地律師協助調查才能掌握重點。接下來，他做了一個check list（檢查清單），讓團隊把所有蒐集到的資料分成三種：第一種是收集的所有資料，第二種是重要的資料，第三種是異常資料。

黃日燦表示，若有非常充裕的時間，任何事情都不難，但大部分的時候，我們都沒有充裕的時間，那麼如何在有限的時間裡做事？首先就要「執簡馭繁，抓大放小」。換言之，在短短兩個月內，他不可能將全球各地洲際飯店所蒐集來的資料都看遍，所以必須將這些資料分級，在重要的地方插旗，最後由他來看異常之處，主要看這些異常狀況是否會影響交易的完成與價值。

其次，進行盡職調查不能只講形式，「你做了一本很棒的報告，整合所有資訊，但如果重要的點你沒抓到的話，報告做得再精美，一點用都沒有。」尤其，旅館本來在經營上就會有很多問題，如果是屬於正常營運所產生的問題，根本不需要理會它，重點是，這是三十七億美元的併購案，要找出來的是關鍵問題，也就是異常問題。

但是不一定每個人都能抓出異常問題，所以黃日燦在帶領團隊進行盡職調查時，會事先告訴大家三個重點。首先，請最基層的人在調查時，把他第一時間看到或是覺得重要的資料全部都寫進來，不要自己做篩選，否則被篩掉的資料就會從此不見天日，沒有人再看到；其次，第二層的人，也就是比較資深的律師，負責整理基層蒐集的資料，並分別放入正常及異常的表格，例如，租約多長等 routine 資料放在正常表格；覺得異常或是重要的資料就放在異常表格裡。

這裡有一個風險是，如果資深的律師也看不出異常，把異常資料篩掉了，黃日燦就看不到了，但是他們只有兩個多月的時間進行盡職調查，如果黃日燦不信賴別人，全部都靠他自己一人鉅細靡遺去看所有資料，可能五個月也看不完。

第三，黃日燦鼓勵團隊，只要覺得問題頗大，不管有多荒謬，一定要馬上讓他知道，不要拖延。例如，正在整理資料時，即使才看了兩頁就覺得有問題，就要立刻告訴他，就算只是感覺異常、但卻沒有證據時，也要立刻通報。

「我怎麼處理是我的事，但是你要先讓我知道，如果你不講，久了你就會覺得可能大家都知道了，就不了了之。」果然，有一天晚上九點多，團隊有一個人在黃日燦的辦公室門口晃來晃去，就是不進來，黃日燦乾脆開口問他：「你有話要跟我說嗎？如果有，就趕緊講。」結果對方用不太確定的口吻說，他看檔案時，發現其中有一個一億多美元的項目，好像重複算了兩次，他不曉得這是正常，還是異常。黃日燦乍聽之下，本來想罵他笨，怎麼可能有一億多美元的項目被計算兩次？對方怎麼可能犯這樣的錯？後來他想想，這的確很符合他說的異常狀況，於是對這位同事說，拿來給他看看。第二天，這位同事拿了檔案給他看，他看了依舊不太清楚這到底是怎麼一回事，但也覺得不該忽視，畢竟這是三十七億美元的併購案，這一億多美元就占了五%。於是他找了另一位比較懂財務的同事來看，果然發現會出現異常是因為這種快速被買賣多次的公司，每次經手的人不見得都非常盡責地把所有事情整理清楚，前面沒有發現錯誤，就會不斷地累積錯誤，如果大家都馬馬虎虎做事，就更難發現。

這場三十七億美元的收購案，因為黃日燦發現了計算錯誤的一億多美元，再加上其他離譜狀況，西武集團的代表在談判桌上拍桌，認為對方不誠實，最後 Grand Metropolitan 認賠，同意減價三億美元，等於幫西武集團省了一筆錢，黃日燦因此一戰成名。

「每個人只記得我抓出一億多美元的問題，因為一億多美元後來減價了三億美元，這就夠了。」這個經驗也讓黃日燦後來在進行企業併購，審查公司資料時，只要看到檔案整理得亂七八糟，一定會特別小心，因為營運正常的公司，檔案通常也整理得很清楚，如果亂七八糟，可能就有問題。

這場併購案也讓大家看到黃日燦帶領團隊時，如何動員大家聰明做事，很有一套。黃日燦將此歸因於大學時參與道德重整合唱團，組織團員在新公園舉辦露天演唱會及全省巡迴演唱會的寶貴經驗，「其實我這方面經驗比很多老美都強，以前我們自己都不知道，以為別人比較強，其實很多人只是很會念書而已。」

如果說，西武集團收購洲際飯店的交易案，讓眾達看到黃日燦在盡職調查上，組織動員的能力，那麼一九八七年底，美國歷史悠久的北美煤礦公司（Northern American Coal，簡稱ＮＡＣＣＯ）與美國知名家電品牌 WearEver-ProctorSilex 兩大企業的併購案，更讓黃日燦從此在華爾街一流律師事務所裡，站穩地位，成為一把手。

從專業到英文，讓美國企業家也佩服

一九八〇年代，歷史悠久的北美煤礦公司為了升級轉型，開始積極朝多元化發展，一九八八年，決定跨業收購同樣也是歷史悠久、在美國當時數一數二的大型家電品牌WearEver-ProctorSilex公司，並委由眾達負責此併購案，而負責主導此案的律師正是黃日燦。

剛開始雙方見面時，彼此都很有教養地問好，尤其是來自美國中西部企業的高階主管及領導人，見面打招呼都格外熱情、有禮貌，但對方離開後，一位眾達的法務助理神情緊張地跑來向黃日燦通風報信，要他小心一點，因為剛才他跟北美煤礦公司的執行長與財務長一起坐同一部電梯下去，聽到兩位高階領導人有些惱火地說，這樣一個美國純本土交易，為什麼眾達要派一個外國人律師來主導，「Is Dennis（眾達紐約的主持律師）out of his mind?（難道丹尼斯瘋了嗎）」

在美國工作多年，黃日燦從來沒有把自己當外國人律師看待，沒想到這次併購案，還沒開始就被業主看扁，激起他的好勝心，非得好好出這一口氣不可。

本來，眾達的高層找他負責這個併購案時，也沒想到後來的發展會這麼複雜。原先，大家都以為不過就是兩家不同產業的企業進行併購，但雙方開始討論後，才發現如果是北美煤礦公司直接併購 WearEver-ProctorSilex，會損失好幾億美元稅務虧損（tax carryover loss）；但如果改由 WearEver-ProctorSilex 併購北美煤礦公司，又會產生其他財會上的問題，結果，一件再簡單不過的併購案，愈走愈複雜，最後變成必須將四個不同交易綁在一起，才能完成。

相較於其他企業併購案，即使交易金額達幾十億美元、甚至幾百億美元的大型併購案，只要結構及程序不複雜，基本上都不算難事，就連一九八〇年代，華爾街金融史上交易金額最高的融資併購案，美國 K K R 公司（Kohlberg Kravis Roberts）對雷諾納貝斯克（RJR-Nabisco）的爭奪戰，只是因為各方競價鬧得沸沸揚揚，交易本身其實並不複雜。

這是黃日燦第一次主導的併購案，就迎來大難題，必須將一個交易分成四個交易來完成，這四個交易又必須緊緊相連，在同一天一起完成，才不會產生變數。

這個案子究竟有多複雜？首先，必須先由北美煤礦公司併購家電公司，這是一個正向併購，為了這個併購，北美煤礦公司必須有銀行融資來支持這個併購，讓它成交；一旦成交後，馬上變成逆向合併，也就是變成家電公司合併北美煤礦公司，如此一來，累積數億美元的稅務虧損，將來才能享用折抵，否則就會消失。

但這還沒結束，逆向合併後，原來由北美煤礦公司進行的銀行融資就要被取代，改由家電公司進行融資，才能成交，這種過渡期的融資，在金融市場稱之為併購融資（Acquisition financing），因為成本非常昂貴，所以成交後，通常要馬上進行中長期的融資來取代它，才算真正完成交易。

簡單來講，如果北美煤礦公司是 A，家電公司是 B；首先是 A 融資，然後 A 去併購 B；接下來馬上由 B 去逆向合併 A，但 B 也必須有個中長期融資來取代 A 的併購融資，這樣才算完成了北美煤礦公司與家電公司的併購案。

兩套交易，兩套融資，還得必須在同一天完成，才不會萬一明天有了變數，例如中長期融資不見了，或是忽然有另外的人想要敵意併購，導致價值與成本生變。這就是為什麼北美煤礦公司高階主管擔心的原因，這麼複雜的本土交易案，其中所牽涉到的法律和契約文件，都是密密麻麻的英文，一個不是母語出身的外國人律師真能勝任嗎？而黃日燦就是這場併購案的關鍵人物，他必須對每一個環節與合約內容，掌握得一清二楚。

交易當天，一個大會議室裡，每一張二、三十呎長的會議桌上，黃日燦與工作人員將所有文件都放上去，一層接一層展開，他嚴格規定大家，即使有一張紙掉在地上，誰都不准碰，只有他可以拿起來，因為修改的版本太多，稍微順序錯誤，就會人仰馬翻，再來一次，只有他自己最清楚。

結果，北美煤礦公司併購案非常順利圓滿完成交易，此時黃日燦因為夜以繼日準備當天的交易，已經三天沒有睡覺，待事情落幕，大家離開後，他坐在辦公室裡累得打起盹來，這時眾達的那位法務助理又跑過來，這次是帶著興奮佩服的語氣對他說，方才她送北美煤礦公司的高階主管離開，在等電梯時，聽到這群高階主管發出驚嘆的語氣說：「Holy cow! This guy's English is so impeccable. None of us are at his level.（老天，這傢伙的英文無可挑剔，連我們都比不上！）」

其中，這位執行長對財務長說：「Superman! He knows everything and remembers every detail.（簡直就是超人！他熟悉一切，同時記得所有細節。）」財務長則回應說：「Yah, remember we thought he was a foreign lawyer? But see, his grasp of English language is so much better than anyone of us. See, Dennis has a point.（是的，還記得之前我們認為他只不過是個外國律師嗎？但你看，他對英語的掌握程度遠超過我們，丹尼斯選他是有道理的。）」

這場併購案，從契約、文件到程序的連結，黃日燦不但沒掉球，接招更是接得漂亮，美國本土律師都不見得能像他做到這般無可挑剔的地步。為了這場複雜交易，黃日燦交易前，連續三天沒睡覺，全神貫注檢閱資料，別人看他依舊談笑風生，但他腦海裡其實一直出現劈里啪啦的響聲，因為幾天沒睡，等到交易一完成，他立刻坐在椅子上睡著了。

從原本只是一個交易，後來衍生變成四個複雜交易，而且必須在同一天完成。交易過程中，北美煤礦高層對於一個華人律師主導這個大型併購案是既擔心，又抱怨，卻沒想到案子完成到如此漂亮，每個過程既環環相扣，又滴水不漏，讓他們大為改觀，非常佩服，尤其驚嘆他的英文造詣，可以處理如此複雜的文件。WearEver-ProctorSilex 家電公司後來還寄了一堆家電產品到黃日燦家裡，表達謝意。

這個案子不僅讓客戶滿意，黃日燦對自己的信心也大幅提升。「這個案子完成後，我知道我在華爾街是站得住了，」黃日燦說：「當時我等於是菜鳥中的菜鳥，所以回想起來，我也是很厲害的。」他因此一戰成名，在紐約執業僅七年，就成為眾達有史以來第一位晉升合夥人的外國人律師。

一九九〇年元旦，年僅三十八歲的黃日燦，正式升任眾達法律事務所合夥人，距離他從哈佛畢業不到七年。黃日燦不僅是眾達第一位亞洲人及華人晉升為合夥人，後來他還被管理合夥人指派為眾達全球管理委員會的一員，很多年來，他都是會議裡唯一的黃種人。

華人律師在美國職場的天花板

不過，黃日燦在做完北美煤礦的併購案之後，他很清楚一件事：「我大概很難再碰到比這個更偉大的交易了。」這是因為他並不像兒女在美國出生，從小到念書自然而然結交的都是美國人，不需要刻意而為。但他沒有這種人脈基礎，雖然黃日燦把案子做得很漂亮，他的客戶無不佩服，但如果客戶還有下一個案子要委託眾達時，並不會直接找他，而會在打高爾夫球時，或是在鄉村俱樂部跟眾達的高層聊天吃飯時，直接向他們提出需求，因為他們彼此已經認識多年，他們再決定將案子交給誰。主動打電話委託他的不多，他在週末也碰不到客戶，而生意通常都是在週末假日聚會時誕生，他只能處於被動狀態。

黃日燦自認做交易已經是一把手，但是在美國本土客戶經營上，也許還不是一把手。既然先天美國本土人脈不足，是否後天努力也可以達成？

「老實說，基本上要很洋，要跟老美混，就是要忘了自己是老中，整個思維都要很老美，也有人搞成功了，但是必須有空就要在鄉村俱樂部跟人家混，但是週末我想放鬆，也想講中文，又有小孩，加上自己個性也不是那麼洋。」黃日燦感嘆：「這就是天花板。不是人家刻意為之，而是你生長環境就是這樣，」雖然他也有自己的客戶，但都是來自亞洲及國外其他地區的企業或富豪，在當時無法蔚為主流。

他已經看清楚，假如他繼續留在美國，知道自己在專業上會非常厲害，但是在客戶經營上，永遠就是高層指定案子給他，他做得不錯，大家拍拍手，結束後再往下一個案子奮進，他的人生幾乎可以一眼望到底，就是一個案子接著一個案子完成交易，而他的價值就是把每一個交易完成，至於完成後的事情發展到底好或不好，就不是他的事情了，他也根本碰不到。

或許在一般人眼中，這樣的生活與成就已經非常不錯了，但是黃日燦認為自己還有許多潛能，不應該侷限在這種被動的工作方式，尤其黃日燦在跑亞洲生意時，他發現自己的高度已經可以從授業解惑的角度啟發許多人，相較於在美國，他只是腳踏實地工作，手底功夫很好，僅此而已。這讓他開始思考，是不是該回台灣了？

就在他左思右想人生下一個階段時，剛好在這時，黃日燦在美國認識了嚴凱泰、後來的裕隆集團董事長。

第十一章　與裕隆結緣：在美認識嚴凱泰

「如果要幫他們母子，聽誰都不對，
最後一定要讓母子倆意見一致，才能做事，才能可長可久。」

——黃日燦

已故前裕隆集團董事長嚴凱泰，在二〇一〇年台北眾達二十週年慶上透露，一九八七年，他在美國結識黃日燦的經過。那時他二十二歲，在美國碰到法律問題，找上當時全美第二大的眾達法律事務所，經人介紹一位台灣來的律師，也就是黃日燦。

初見時，嚴凱泰覺得黃日燦很台，非常有親切感，因為黃日燦「穿著淺藍色西裝，腳上穿了一雙咖啡色鞋子，非常不搭，一看就知道是台灣來的。」

那麼，黃日燦對嚴凱泰的初次印象又是如何？黃日燦說，嚴凱泰當初找上眾達解決法律問題，特別叮囑不要讓與台灣有淵源的律師參與，因為這是私人事情，怕人多嘴雜，所以他找了眾達的詹姆斯．休斯，而黃日燦屬於詹姆斯．休斯團隊的律師。一開始，黃日燦並不知道這件事，直到有一天，詹姆斯．休斯跟嚴凱泰說：「嚴先生，我覺得你還是需要找我的同事，這個人絕對不會亂講話。」說服了嚴凱泰與黃日燦見面。

「我還記得他坐在沙發，那時他才二十郎當歲，裝得一副少年老成的樣子，想看看我們怎麼辦，」黃日燦笑說，後來嚴凱泰還經常調侃他，說他穿得這麼土，很不會穿衣服，看起來應該是老實人。而事實證明，黃日燦的確將嚴凱泰委託的事情處理得很好。

五封信，解決棘手難題

這件委託案說起來也很簡單，那就是嚴凱泰的母親、當時的裕隆集團董事長吳舜文在香港有一個私人帳戶，多年來都委託一個人幫她處理，但是這個人忽然過世，吳舜文自己忘了帳戶裡有多少錢，也忘了這筆錢放在香港哪一家銀行，但過世的這個人並沒有交代錢放在哪裡，連他的家人也不知道。

由於當時還有外匯管制，這種涉及金錢的事情也無法一直在電話上講，於是，吳舜文請在美國念大學的嚴凱泰調查此事。問題是，在什麼資料都沒有的情況下，從何查起？黃日燦聽了嚴凱泰的敘述後，第一個反應是去問那位已過世受託人的家人，但嚴凱泰告訴他吳舜文的考量：第一是，如果這個受託人走了，也沒交代家裡人，就算去問也問不出來；第二是，如果這個受託人告訴了他的家人，他的家人卻隱瞞不說，去問他們不會加分，只會減分。「我當時想，這位老太太（吳舜文）心思很細膩聰明。」但是該如何查起？香港有那麼多銀行，連帳戶都不知道，無異於海底撈針，又不能跟銀行講不知道自己的帳戶號碼。就在別的律師束手無策時，頭腦靈活的黃日燦，在接手案子後，只做一件事，那就是寫五封信，分別寄給香港五家做國際私人服務的銀行的最高主管。黃日燦假設這封信是寫給吳舜文帳戶所在的銀行，內容是這樣寫的：

「致某某銀行高層，我是眾達國際律師事務所的資深律師 Jack Huang，也是 Jay Hughes 的同事，我正在協助我們的客戶吳女士處理有關她在銀行的私人帳戶問題；由於她在貴銀行有一個私人帳戶，但因為她本人不方便直接聯絡，委由我來代理她，在此希望能與您取得聯繫。」

結果，有些人這樣回覆：「What is this? It must be a mistake.（這是什麼事情？應該是

弄錯了）」但其中有一封信卻這樣回覆：「We have lost touch with her for quite a while.（我們和她失聯了許久）」果然被黃日燦找到了。黃日燦立刻飛到香港去，拿著吳舜文的授權書，終於把那筆錢找回來了。這就是黃日燦跟嚴凱泰結緣的過程，把一個大家都不知道該怎麼辦的事情，用很簡單的方法給解決了。

經過這件事之後，黃日燦說，嚴凱泰大概覺得他又土又可靠，而且在相處過程中，發現大他十三歲的黃日燦有很多事情都可以教他，尤其當時黃日燦已經身經百戰，從美國克萊斯勒集團收購美國汽車公司 AMC、西武集團收購洲際飯店集團到北美煤礦收購家電公司，戰無不勝，黃日燦不僅已是華爾街優秀的律師，帶領的團隊也愈來愈大，客戶信任他，老美同事也對他完全服氣，高層更準備升他為合夥人，意味黃日燦在美國左右逢源，生存得很好。

當時，嚴凱泰一個人在美國紐澤西念大學，常常來找黃日燦聊天，把他當大哥看待。有一天，這位青澀的大學生忽然問黃日燦：「我可不可以週末到你家？」黃日燦表示當然沒問題。從此，嚴凱泰一到週末就經常開一輛跑車來黃日燦位於拉奇蒙特的家。

黃日燦回憶，「他一來就躺在客廳沙發或是地板上，逗逗我們家兩個小孩，在我們家耗大半天，或是吃一碗麵，反正就是很自在，我們也覺得他滿有趣的，我太太對人很親切、友善，所以後來他一直叫她：『嫂子』，而且我太太跟他講的話，他一定會做，比我講還有用，我們就是這樣子熟的。」雖然嚴凱泰身邊也有一些富二代朋友，但或許是黃日燦的家庭讓他覺得有家的感覺，所以才會喜歡往他家跑。

一九八八年，嚴凱泰即將大學畢業，吳舜文因為身體不好，希望他畢業後就回台，立刻進入裕隆集團工作。但一個剛畢業的大學生，對集團內很多事都不懂，當時裕隆集團是由有鐵三角、四大天王之稱的高階主管負責管理不同部門，權力很大，叱吒一時，吳舜文雖然重用他們，但是也擔心過度放權出去，很多事情無法掌控。

有一次，嚴凱泰對黃日燦說：「你跟我回台灣，去救我媽。」嚴凱泰擔心母親身體不好，又要操心太多事情，力促黃日燦返台協助裕隆。嚴凱泰不僅非常信任黃日燦，還不斷跟母親吳舜文力薦他，認為黃日燦不僅是一個傑出律師，更超越律師之上，可以提供許多企業建言，也因此，有一次黃日燦出差到亞洲，中途返台，在嚴凱泰引薦下，認識了吳舜文，從此，展開他與吳舜文母子長達幾十年的情誼。

第一次見面，鐵娘子吳舜文給的考題

黃日燦至今記得第一次與吳舜文會面的場景。

當時裕隆集團還未搬到目前敦化南路上的裕隆大樓，仍位在南京東路的華聯大樓，黃日燦在嚴凱泰帶領下，走進吳舜文的辦公室，辦公室有半層樓百來坪之大，裡面靠左邊有一張大桌子，裕隆集團董事長吳舜文就坐在大桌子後面，她的桌子對面有兩張椅子，嚴凱泰坐在右邊第一張椅子，黃日燦則坐在左邊第二張椅子。

吳舜文看到黃日燦坐下來，連茶水都還沒端上來，就立刻跟嚴凱泰說：「凱泰，你先出去。」嚴凱泰出去後，吳舜文看著黃日燦，開頭第一句話就問：「凱泰說，你能夠幫我們母子忙，如果我們意見不合，你怎麼辦？」說完就直視著黃日燦。

黃日燦被看得頭皮發麻，這個問題他當下一點心理準備都沒有，可能答錯就沒下文了。被直視了數秒之後，他直覺反應回答：「董事長，我也沒有什麼特別厲害的方法，但是我會努力到你們母子意見一致為止。」吳舜文聽完，看了他一會兒，接著就按桌上的呼叫鈴說：「卓祕書，請凱泰回來，同時送茶來。」顯然，她滿意這個回答。

這一段對話內容，黃日燦從來沒有對外說過，連嚴凱泰好幾年不時逼問他，他也拒絕透露。這個回答是他當時的直覺反應，但事後想想，也只有這個答案才對。他深知，如果要幫他們母子，聽誰的都不對，最後一定要讓母子倆意見一致，才能做事，才能可長可久。

「這個跟我在道德重整合唱團的體驗有關，多年前我定下的一個原則就是，我不是只要求勝利，而是要解決問題。」事實上，這個原則也貫穿在黃日燦長達四十幾年的律師執業生涯中，面對客戶的委託，他從來都是以解決問題做為最高處理原則，而不是為了贏得勝利而打官司。

通過了吳舜文的考驗後，一九八九年，黃日燦雖然還在美國當律師，卻經常返台協助他們母子，給他們一些建議，逐漸地，吳舜文開始將很多事情委請黃日燦幫忙處理。

治理家族企業，需掌握微妙平衡

吳舜文到底有多重視黃日燦？

當時裕隆集團剛搬到敦化南路裕隆大樓，吳舜文的辦公室在十七樓，開門進去，左手邊靠窗有一張巨大的辦公桌，吳舜文就坐在靠窗的一邊，她的辦公桌對面，長年放著兩張椅子，右邊是各部門主管來報告時，固定坐的一張椅子，而左邊這張椅子則是固定給黃日燦坐。

當時裕隆的高層主管向吳舜文報告業務時，都坐在右邊的椅子上，黃日燦就坐在他們旁邊聆聽。面對一個外來者坐在旁邊，不僅聆聽，吳舜文後來甚至事事都要先問過黃日燦，再做決定，慢慢地，有些不習慣的主管開始另有打算，逐一遞出辭呈。不習慣的原因是，在黃日燦還未出現前，號稱鐵三角與四大天王的高層主管們，通常進來跟吳舜文報告，就是拿一個公文，期待吳舜文馬上簽字，也就是簽一個「文」字後，就可以拿錢去做事，這也是吳舜文感到無奈的地方，覺得權力失控，加上因為當時她身體不好，常會暈眩，力有未逮，或是一些專業上的術語她聽不懂，導致這樣的局面，尤其當時裕隆推出台灣人第一部自主研發的汽車——飛羚101，非常風光，也讓這些主管意氣風發。等黃日燦進來後，公文簽署的「文」字上頭，開始批寫一些來自黃日燦的意見，慢慢地，大家感覺到，報告送到董事長那裡沒那麼容易通過。

黃日燦說，他也不是天縱英明，一開始就能了解全面。起初他的意見比較出於常識判斷，四平八穩，好處是他在密集聽了來自不同部門的主管報告後，因為各有立場，在旁邊仔細聆聽後，逐漸清楚原來這隻大象長這個樣子，慢慢地，他提供給吳舜文的意見才比較針對性，銳利又深刻的看法也就出來了。

雖然吳舜文對汽車外行，但黃日燦非常佩服她的一點是，她的直覺非常厲害，後來跟吳舜文熟悉之後，常常笑吳舜文說：「妳是世界上最厲害的外行人。」因為只要是她覺得不對勁的地方，後來真的都不對勁。

另一方面，黃日燦也親身感受到真正豪門家族在經營企業方面，就像帝王學一樣，有時要用人不疑，有時用人一定要疑，兩者是一個很為難的平衡。「你完全不疑，老實講，最會傷你的就是你最相信的人，所以當帝王是不可能不疑的；但是假如你都疑，就沒有人可用。這是微妙平衡，也是我學到的。」

放下美國安穩生活，回台創新局

黃日燦一方面協助吳舜文與嚴凱泰經營裕隆集團，一方面在美國也協助不少台灣過去的企業家。當時流行中美經濟會議，就像大拜拜一樣，每年舉辦一次，一年在台灣，另一年在美國。他在美國也參加了幾次，有一次辦在紐奧良，認識了不少與會的台灣企業家前輩，他們因為人生地不熟，英文也不好，他就帶著這群企業家去聽爵士樂、逛老街，最後成為忘年之交。每次黃日燦有事回台灣，這些企業家都會請他吃飯，並介紹他們的子女給他認識，黃日燦笑說：「一開始他們的孩子還叫我『uncle Jack』，因為是父執輩的朋友，後來發現我的年紀比他們還輕。」

原本，黃日燦因為華人在美國職場的天花板，一直在思索人生接下來的階段，是否要返台，尤其他自一九八八年開始協助裕隆以來，吳舜文與嚴凱泰都非常希望他能回台幫忙，擔任正式職務。加上一九八八年，台灣外匯自由化，台幣升值，一些台灣企業到國外進行併購，但是因為沒有好的策略，所以結果都不太好，當時黃日燦心想，或許台灣的併購時機已經來臨，這是一個新市場，與其待在紐約，經常得從紐約飛到亞洲及台灣拜訪客戶，不如搬回台灣，就不必頻繁的長途飛行。

他一方面有這些考量，一方面卻也捨不得在美國的生活，畢竟工作上已沒有讓他煩心的事，不管是經營亞洲客戶，或是經手處理超級富豪業務等等，他都駕輕就熟。住在漂亮的花園社區裡，假日時，跟一些醫生朋友打網球，有空時帶家人到海邊度假，既穩定又安逸。

就在他兩難的同時，一九八九年，當初面試黃日燦進來的眾達最高層主管、管理合夥人迪克．波格（Dick Pogue），因為眾達在香港的分所一直處於虧損狀態，波格想到當初黃日燦不建議眾達到香港設分所，因為時機不對，人也不對，於是他乾脆問黃日燦是否願意主持香港的分所。剛開始，黃日燦不想接受，決定以拖待變，後來波格對他說：「Jack，在眾達，我們問你的意願時，其實就是指派你去，我已經非常有耐心了。」

雖然波格是笑著說，但是已經明示，黃日燦只好回答他：「這樣吧，我不想去香港，我想去台北。」當時黃日燦的母親因為糖尿病多年，在一九八九年過世，台北只剩下他唯一的親人，也就是父親，他出國多年，心裡也覺得應該回去陪父親。加上頻繁出差，有一天他返家時，忽然發現兒子跟女兒好像長得不太一樣了，每次出差就是半個月以上，他心想，這不是長久之計，小孩都要跟他生分了。

「那時就決定回來亞洲試試看，剛好吳舜文與嚴凱泰也希望我回來，那是最後一根稻草，就回來了。」黃日燦說。做最後決定前，黃日燦先帶著家人分別到香港及台北一趟，讓他們感受一下不同的環境，然後他問兩個孩子：「假如我們要搬到亞洲來，台北與香港，你們會喜歡哪裡？」結果兩個小孩都選台北，尤其兒子說，台北比較像家，因為那裡有親友。回去紐約後，黃日燦告訴波格，他選擇在台北，同時兼管香港。波格一口答應，至於預算多少、辦公室要多大、該做怎樣的營運計畫，波格都告訴黃日燦：「Go ahead, it's your call.（去做吧，這些都你來決定。）」

第三部

開局：把國際併購經驗帶回台灣

創生
開局
征途
起點

第十二章　返台貢獻世界級經驗：

一人開疆闢土，推動企業國際化

「假如我的價值只在我比人家貴，人家不會來找我。」

——黃日燦

一九九〇年，在美念書及工作多年的黃日燦，終於回台。他在華爾街一流律師事務所工作多年，返台的第一個心願就是要將世界一流的法律專業，包括併購經驗及國際官司等專業帶回台灣，雖然台灣已經有數家大型法律事務所，他抱持「不求最大，但求最好」的雄心壯志返國。

不過，返台前，黃日燦也對妻子說：「回去如果做不好，三年內就回美國；假如沒有回來，表示做得不錯，也不會再回來了。」事實上，一年後，他主持的眾達台北業務就開始賺錢，他也再沒有回美國居住。

堅持不進裕隆，維持超然地位

早在黃日燦回台前，吳舜文與嚴凱泰一直希望延攬他進入裕隆集團服務，擔任正式職務，但是黃日燦很堅持不進裕隆，一方面他有自己的律師事業；一方面他的個性本來就不希望被一個老闆綁住，不想只做家臣，聽命行事，所以他委婉、但堅定地拒絕加入。

更重要的是，黃日燦認為不加入裕隆集團，他才能保持獨立客觀，如果衝突到別人的權力，別人對他也無可奈何，「只要我進來擔任職務，因為我總要簽字，不管什麼事，人家可以用那些事來打擊我，我現在只要提供意見，頂多講錯，這樣任何人都不需要懷疑我的動機，你可以說我想得不夠正確，但你不用懷疑我的動機。」如此一來，他背後就沒有可以讓別人射箭的地方，除非吳舜文、嚴凱泰不聽他的意見，但黃日燦也很豁然，本來就無所求，他只想回報這對母子對他的知遇之恩。

雖然黃日燦堅持不進裕隆集團，但是吳舜文在黃日燦一九九〇年回台後，正式聘他為特別顧問，她還特別告訴黃日燦：「這是特別顧問，不是法律顧問，法律顧問我可以找很多人，特別顧問只有你一個。」雖然黃日燦的顧問費基本上還是按照眾達法律事務所的收費計算，但是吳舜文特別派車和司機給他，表示她的看重。

不僅如此，當時裕隆剛搬進新落成的裕隆大樓不久，剛回來準備成立台北眾達事務所的黃日燦，首要之務就是找辦公室，吳舜文又說，反正他需要的辦公室不大，乾脆撥出七樓的一部分空間給他租用，台北眾達法律事務所從此就在裕隆大樓裡落地生根。吳舜文後來還半開玩笑地對黃日燦說：「只要我在，你都要在這棟大樓喔。」就是希望他的辦公室以後不要再搬遷，方便她有事可以立刻下樓找他。有時老人家性子急，打了兩、三通電話找不到他，乾脆下樓到七樓辦公室等他回來，待他從外面辦事回來，祕書在接待處就趕緊對他說：「董事長在裡面等你。」

「她說我一定要在她的大樓，這一點我一直有做到，現在還在這棟大樓裡。」黃日燦至今不忘當年的承諾。後來有一個插曲是，二〇一七年，黃日燦在眾達服務多年，開始萌生退意，不再擔任台北眾達所長一職，剛好碰上一波其他律師事務所相繼搬新家，台北眾達新任所長也開始思考在這棟大樓已經近三十年，是時候該搬到新大樓去了。黃日燦知道後，開玩笑地對嚴凱泰說：「終於啊，我們事務所要脫離你的魔掌了，要搬家了。」

當時嚴凱泰已經發現罹患食道癌，經過治療，逐漸緩解，他聽了很不高興地說：「你答應媽媽的喔，你一輩子都要在我們大樓，怎麼可以搬出去！」黃日燦解釋，搬家並非他的本意，他已經不做所長了，打算退休，眾達要搬走，他沒辦法阻止，所以他只能跟著事務所搬走，否則他就沒有辦公室了。嚴凱泰聽了立刻說：「辦公室還不容易，我們樓上弄一個給你，你不能走！」黃日燦又說：「樓上沒有位置啊，哪來的位置？」嚴凱泰回他說：「有！我爸爸的紀念室。」這間嚴慶齡的紀念室就位在十七樓，與吳舜文過去的辦公室相鄰，裡面擺放嚴慶齡過去使用過的辦公室家具。

「那你爸爸的東西怎麼辦？」黃日燦問。

「跟我媽媽的擺在一起就好啦。」嚴凱泰說。

隨後嚴凱泰很快地就叫人將嚴慶齡紀念室的物件移到樓上去，把這間位在十七層的紀念室清理好後，請人來裝潢成一間辦公室，地上鋪著地毯，四周有書架、置物櫃，走進這間辦公室，右手邊是一張巨大的辦公桌，左手邊是接待客人的地方，有沙發桌椅，從辦公桌往右看，可以遠眺陽明山和觀音山，可見黃日燦在嚴凱泰心中的分量。

辦公室裝潢好之後，本來眾達要搬家，但因為還需要總部點頭答應，延宕多日，導致預定搬遷的地方已經被人租走了，最後眾達仍舊繼續在裕隆大樓內，但黃日燦並沒有立刻搬上來，一直到他正式卸任眾達合夥人身分，二〇一八年他才搬上來，那年年底，嚴凱泰因食道癌過世，「冥冥中，好像就是要在這裡。」黃日燦感嘆。

一九九〇年七月，黃日燦舉家自美國搬回台灣，雖然他銜命回亞洲，創辦台北眾達，肩負起擴大眾達在亞洲的業務版圖，但管理合夥人迪克．波格跟他說，接下來都是你的事了，所以他是從零開始。

當時，台北眾達在裕隆大樓七樓有兩間辦公室，一間小會議室以及祕書的接待處，裝潢是裕隆推薦的公司，連監工也是裕隆協助幫忙，因為黃日燦當時還在美國、台灣兩地奔波處理客戶事務，忙得不可開交。黃日燦還記得七月返台，十一日事務所馬上就開張，當天上午他要接待美國一家大型房地產開發集團的團隊，結果一早進來開門他才發現，辦公桌上沒有準備文具，連開水、杯子都沒有，趕緊張羅。

「那時紙杯是從裕隆拿來的，筆記本是台元的，就這樣開始，」後來他才知道，眾達在別的地方開設新的事務所，都有專職總務人員協助幫忙，包括印名片及文具等等，那時他因為太忙，忘了事先問，才導致一開始兵荒馬亂。「就像《魯賓遜漂流記》裡面，他是一個人加一隻狗，但我是一個人開始，什麼都沒有，連祕書都沒有。」後來還是裕隆幫黃日燦找了一個曾經在裕隆待過的員工，擔任他的祕書，一待就是三十多年，現在還在台北眾達服務。

靠自己累積的人脈，站穩台灣市場

台北眾達創辦第一年，黃日燦忙得焦頭爛額，公事、家事全都一起來。

首先是人才難找，雖然台灣已有很多律師事務所，法律人才輩出，但是黃日燦要做的是跨國業務，而台灣的法律人才多半都只是嫻熟台灣法律，懂得跨國法律業務的人不多，而且當時台灣最好的律師人才都去理律、常在、國際通商等大型律師事務所，沒有人聽過眾達。

當初他返台目的就是要做台灣最好的律師事務所，品質取勝很重要，既然找不到同時懂得台灣法律與國際商務、英文又好到可以外派做跨境業務的律師，他改變想法，決定從培養自己的子弟兵開始，也就是寧用沒經驗、但有潛力的人，從一張白紙開始培養。

黃日燦培養人才，非常重視團隊精神。「假如你自己只有八成，自己帶頭，再怎麼做還是八成，但是兩個八成的人在一起可能有九成，因為你的八成不會完全跟他的八成一樣。」

此外，他體認到，就算自己能力再強，有一點無法比別人更強，那就是每個人一天只有二十四小時，再厲害的人，兩個案子可以做得很好，但若是短時間內多加幾個案子，就無法同時勝任了。「所以我提醒自己，要接受九十分的人，再想辦法把他訓練成一百分。」

尤其，當時他忙著開疆闢土，經常得出差到香港洽談超級富豪財產規劃的業務，到新加坡拓展高科技創投的業務，當時國際通訊也不像現在這麼方便，甚至很多地方連傳真機都沒有，所以更需要培養一個陣容堅強的團隊，為以後擴充業務做準備，否則永遠都在做個體戶。

剛開始，他一個人帶十四位律師，花了兩年多時間，培養出四位可以帶領團隊的人才，非常辛苦，但是他全力以赴，一心要建立最好的事務所，希望訓練出來的新世代律師個個都是高手，對台灣法律界實務上有更多貢獻。所以黃日燦培養律師，不只是一般律師而已，而是全方位的頂尖律師，也就是除了打官司、談判之外，連開帳單、怎麼收錢、如何招募人才都會，「所以這些人出去後都優秀得不得了，變成人家的頭頭，亞洲有三十幾個所長都是經過我訓練出去的。」黃日燦不無驕傲地說。

一人抵三人的專業與用心

不過，讓他失望的是，他以為台灣的併購潮已經來了，回到台灣才發現，台灣企業的海外併購潮並沒有他預期中蓬勃，沒有足夠的業務，客戶該從哪裡來？

黃日燦返台的另一個任務就是兼管香港，一九八六年眾達在香港成立分所，但是績效太差，所以指派黃日燦扭轉乾坤。曾經在香港工作一年，黃日燦很了解眾達派兩位中文不好的美國律師到香港主持，他們還是習慣待在 American Club 結識人脈，但是在 American Club 裡認識的人，多數還是其他的美國律師和美國企業高管，對業務沒有幫助，大型美國企業在香港有自己的法務，眾達做不到他們的生意；小的企業也用不起眾達這種國際一流律師事務所，只會找香港本土律師事務所，真正應該要搶的生意是正在崛起的港商，例如包玉剛、李嘉誠，但是他們也不會去 American Club 這種地方，眾達在香港因此高不成、低不就，業務一直沒有起色。

黃日燦很清楚，他在台灣還沒站穩腳步，如果直接去香港主持，他既不夠老美，也不夠老中，更不夠港仔，在人脈經營上會比較辛苦，還不如先在台灣站穩腳步，再以台北為亞洲中心，向外拓展客戶。即使總部沒有給他任何資源，「台灣我是地頭蛇，加上吳舜文要我回來，應該餓不死，」靠的還是他自己累積的人脈，才能在台灣站穩腳步。

讓他站穩腳步有三個關鍵。首先，裕隆已經成為他當時最大的客戶，別人看到鐵娘子吳舜文這麼相信黃日燦，他一定有兩把刷子，這是第一個關鍵。第二個關鍵是黃宗仁、永豐餘集團創辦人何傳的女婿，也是精誠資訊董事長。一九八六年，黃日燦還在高特兄弟時就認識黃宗仁，當時永豐餘因為台灣的紙漿來源短缺，打算到海外購買紙漿公司，黃宗仁負責這項任務，期間因為有貿易糾紛，永豐餘的法務長找上黃日燦，因此結識。黃日燦剛返台時，正好永豐餘發行海外公司債，籌措了大筆美元資金，加上海外併購又是黃日燦的強項，因此成為他的客戶。黃宗仁是當時台北商場出名的「金頭腦」，有了黃宗仁的肯定加持，黃日燦在台北企業界頓時成了不可忽視的一個咖。

第三個關鍵是投資銀行教父 Eric Wen（溫鴻緒），當時是信孚銀行台灣區總裁，透過黃宗仁認識了黃日燦，同樣也是身經百戰的溫鴻緒，一眼就看出黃日燦是厲害人物，因此好幾個案子也是委託黃日燦處理，當時台北眾達剛起步，有人提醒溫鴻緒這間事務所加起來還沒有三個人，溫鴻緒卻說：「懂的話，一個人就夠了。」

因為欣賞黃日燦，當時統一集團第一次要發行海外交換公司債，用統一實業的股票去發行公司債，溫鴻緒建議統一集團董事長高清愿找黃日燦，高清愿問溫鴻緒：「這個人靠譜嗎？這樣妥嗎？」溫鴻緒硬氣地回答：「相較於其他事務所有一百多個律師，卻沒有一個人懂，這裡（眾達）只有幾位律師，但是這個人（指黃日燦）沒回台以前，閉著眼睛都會做這種交易，你要哪一個？」溫鴻緒甚至表示他推薦的人他負責。

黃日燦輾轉聽到，非常感謝溫鴻緒的知遇之恩，更加用心做這個案子。通常發行海外交換公司債，台灣一般律師事務所通常只負責向台灣金管會（當時是證管會）報備這部分，國外事務就找香港或是華爾街或倫敦律師進行。但是黃日燦既能打本土牌，又能打國際牌，根本不需要找國際律師事務所，他自己本身就是國際律師。

當時要跟投行談承銷合約，黃日燦代表統一，溫鴻緒代表投行，黃日燦完全公事公辦，看在高清愿的眼裡，他不解地問黃日燦：「你不是他介紹的嗎？為什麼還跟他爭了一下？」黃日燦回答：「我的客戶是你，不是他，他是我的好朋友，我非常謝謝他推薦我，但是我一定要做出他為什麼推薦我的真正價值，這是我的專業，你是我的客戶，我當然要發揮最大專業，根據你的利益來跟他談判這個承銷合約。」高清愿開始覺得這個年輕律師的確有點不太一樣。

到了海外談判時，也是黃日燦一個人搞定合約，根本不需要去找華爾街或倫敦律師，交易完成後，黃日燦把帳單寄過去，本來預期兩個月後能收到款就已經很不錯了，沒想到高清愿一看到帳單，立刻指示付款，一週左右就付清。因為高清愿看到黃日燦一下子中文，一下子英文，一個人抵好幾個人用，又是國際操盤律師，又是台灣律師事務所，面對對方的律師團，從台灣到香港到倫敦的律師群，都能操盤自如，游刃有餘。

「我在台灣的獨特價值，就是從那裡開始建立的。」於是，台北眾達的客戶從第一天起就都是成熟的大企業，包括裕隆、永豐餘、統一集團、東元、大同等等，但是要拓展業務，僅有成熟的大企業還不夠，當時一九九〇年，台灣的高科技產業才剛起飛，規模也不大，但是矽谷的創投已經開始了，並且蓬勃發展，亞洲也開始準備跟進，黃日燦預計這些創投對律師的需求也會變多，這會是另一塊新需求。

此外，台灣高科技雖然剛起飛，但發展快速，從矽谷經過台灣，再到中國大陸量產，黃日燦稱之為「大華人科技走廊」，這是主線，支線則是台灣到新加坡，這部分黃日燦也認為有業務潛力，再加上他原來一直經營的亞洲超級富豪客戶，如今他返台，更靠近亞洲，又能深耕這一部分。

「這樣就有四塊，裕隆、統一、永豐餘等台灣大企業是一塊，亞洲超級富豪客戶是一塊，大華人科技走廊衝衝看也是一塊，然後是亞洲創投乃至併購，應該也算一塊，」確定方向後，黃日燦開始全力衝刺，以台灣為基地，經營新加坡的創投、推動日本和亞洲的合作，再代表外商投資大陸等業務。

但黃日燦沒想到的是，父親在他返台不久後，就發現罹癌。

父親過世，吳舜文邀請每年一起吃年夜飯

一九九〇年七月，黃日燦回到台灣，八月的某一天，父親騎著摩托車到他家裡聊天，黃日燦覺得奇怪為什麼父親一直背靠牆，一看才發現他的衣袖都弄髒了，原來方才騎摩托車摔倒了。黃日燦不放心，帶他去醫院檢查，結果發現是因為肺腺癌蔓延到腦，影響平衡導致摔車。

他開始三地輪流跑，從天母的家、敦化南路的辦公室，再到仁愛醫院，晚上與兒子兩人幫父親洗澡。「那時候完全笑不出來，有時還要出差，找人也不順。」黃日燦說。八月住院，十一月父親就在黃日燦天母的家中過世，黃日燦的兒子黃芝駿回憶當時：「我只看過爸爸哭過一次，就是阿公過世的時候。」

黃日燦父親生病的那段日子，是他跟父親這輩子講話最多的時候，當時年僅十一歲的黃芝駿看到父親下班回家，經常在阿公的床榻邊跟他講話。黃日燦知道父親心中一直覺得很歉疚，因為經商失敗，讓他從小就被迫面對追債與討債的惡劣環境，好不容易在黃日燦念高中時，他放棄東山再起的念頭，改去工地包工程做水電，才終於讓家裡可以稍微溫飽。但是黃日燦準備結婚時，父親又去攬生意，「他想說我要結婚，至少要賺一筆錢給

我，他又去拿水電器材開店，結果又欠經銷商的錢。」這就是為什麼黃日燦在當兵時，還要寫狀子，幫父親還錢，當時黃日燦就對父親說：「拜託、拜託！你這一輩子不要再做生意了，你不用擔心我，我怎樣都OK的啦。」

黃日燦從來都沒有怨恨父親因為經商失敗，帶給他童年困厄的環境，相反地，每次親人怪罪父親時，他還會跳出來維護父親：「他又不是故意的。」他覺得父親人格沒話說，當初被倒債，父親一口氣將兩、三棟房子賣掉還債，連債主都勸他至少留一棟自己住，但是父親還是堅持趕緊變現，早日還清。

這個沉默了一輩子的男人，從生意失敗後就不發一語，每天從早到晚努力工作還債，背負失敗的枷鎖，承受來自親戚、債主的怒火，但他有一個令他驕傲的兒子，從小就不需要他操心，所以才會在兒子結婚前，重燃奮起的熱情，希望彌補對兒子長年的愧疚，這些黃日燦都看在眼裡。

一九九一年，黃日燦過了一個沒有父親的新年，一九九二年的舊曆年前夕，有一天，吳舜文跟他聊天，問他準備怎麼過年，黃日燦說，父母親都離開了，岳父、岳母也已過世，如今只有自己四個人的小家庭過年，吳舜文聽了立刻說：「那我們一起吃年夜飯。」因為過年只有她和嚴凱泰兩人而已。後來，吳舜文乾脆說週日也可以一起吃飯。

從此，每年除夕年夜飯，黃日燦一家都是和吳舜文、嚴凱泰一起過，包括每週日中午聚餐，就這樣持續了許多年，從公事到私事，黃日燦與吳舜文母子的情誼，早就超越了工作關係，有著親人般的深厚情誼。

第十三章　從律師到企業軍師：吳舜文、嚴凱泰、裕隆與我

「這輩子有三個女人的電話，我一定馬上接，
一個是我太太，一個是我女兒，一個是吳舜文。」

——黃日燦

黃日燦出身貧困，成長歲月裡，唯一熟識的有錢人就是新光集團吳火獅家族，因為吳東昇是他初中、建中到大學的同班同學。他回憶，每次去吳東昇家裡，那時他不過是個小毛頭，只覺得他家很安靜，適合念書。有時跟他們一起吃飯，也會聽吳火獅談一些生意上的事，但只是聽，談不上耳濡目染。

後來因為參加道德重整合唱團，認識了裡面的權貴，但這些權貴一點都不像權貴，致力於行善，讓黃日燦對權貴耳目一新。但吳舜文是他第一次長期接觸、深入了解的企業家，而且是豪門中的豪門。

吳舜文自己就是豪門出身，嫁到嚴家也是豪門。嚴慶齡排行第六，兄弟多，自然妯娌姑嫂也多。有一次，吳舜文跟黃日燦閒聊，說到她嫁到嚴家時，發現妯娌相處複雜，彼此心眼多，也喜歡在穿戴上較勁，她心想：「你們穿金戴銀，我乾脆什麼都不戴，沒得比了吧。」

所以吳舜文一輩子很少穿金戴銀，頂多戴一塊玉，連耳環都很少戴。她也從來不買珠寶、不用珠寶，化妝也相當簡單，從不化濃妝，永遠就是一襲端莊典雅的旗袍，是一位非常有修養、又有原則的人，黃日燦在她身上學到很多。有時假日她會去黃日燦家中打麻將，有一次快到中午，家裡的冰箱壞了，沒有冰塊，妻子要黃日燦到巷口買冰塊，他下樓就看到吳舜文的座車停在樓下，而她在車上閉目養神，司機看到黃日燦，立刻搖下車窗對吳舜文說：「董事長，黃特顧啊。」吳舜文問黃日燦怎麼下樓了，黃日燦說要去買冰塊，問她怎麼到了卻不上樓去？吳舜文回答：「時間還沒到，上去會打擾你們。」

適時放手，是最好的輔佐

台北眾達剛開始成立時，因為客戶還不多，裕隆又是他主要的大客戶，黃日燦花了很多時間在裕隆集團上，協助吳舜文與嚴凱泰，不僅僅是律師身分，更是軍師角色。黃日燦說，吳舜文很敢相信人，也很願意用人，格局氣度很大，但是她同時也經常在懷疑人，這是做為一個領導者必然如此的思維，因為他不能隨便百分之百相信人。每次黃日燦坐在面對吳舜文辦公桌左邊的固定椅子上，聆聽吳舜文和主管談話時，她都說很好，好像很同意，但是等到對方離開，她就會問黃日燦一些不同的想法。「當時我心裡想，原來她剛才說很好，不一定是真的很好。」

嚴凱泰非常信賴黃日燦。他剛從美國返台時，只是大學剛畢業的年輕人，別人找他應酬，他常常抓著黃日燦去壯膽，黃日燦覺得這樣不好，畢竟他得自己去闖蕩，所以他就送了他八個字：「小錯不斷，大過不犯。」果然，一回生，二回熟，後來嚴凱泰不再需要找黃日燦去應酬了。

吳舜文也非常信任黃日燦，每件事情都會問他：「Jack，這件事你看看該怎麼辦？」如果黃日燦不在，她就等他來再做決定。

但兩、三年之後，黃日燦開始警惕起來，因為他們太倚賴他了，「以前他們也有倚賴其他人，但是我回來以後，他們從比較倚賴，到最倚賴，到唯一倚賴，什麼事情一定要我在，我不在，她就不做主。」

他後來覺得這樣不是長久之計，「第一，你這麼相信我，我也可能犯錯，因為我不是萬能的，如果我犯錯了會怎樣？你可能會很傷心失望，再來就不那麼相信我了。同時，你這麼相信我，看在別人眼裡，那別人就不是咖了，但這個集團不能只靠我啊。」尤其，黃日燦又有自己的事業要拚，如果時間都被綁住，就無法做事，所以他開始建議吳舜文要換新血，提拔人才上來；同時黃日燦也從外面引薦好的人才進入裕隆，例如，前裕隆集團副執行長徐善可。黃日燦也開始在吳舜文詢問他意見時，偶爾會故意說不懂，盡量讓其他人來參與決策，讓別人出頭，淡化自己的唯一性。

另一方面，黃日燦也是用同樣的態度面對嚴凱泰，他告訴嚴凱泰：「你要培養自己的班底。」由於嚴凱泰對汽車感興趣，經常往苗栗的「裕隆工程中心」跑，後來提拔上來的人，基本上都是工程中心出身的人，例如，裕隆汽車前副董事長陳國榮。

「當時如果我要攬權，基本上我可以說了算，但其實這方面我真的很無私，」所以黃日燦很高興做這些決定，主動削去自己的權，慢慢抽身出來，壓力也不會那麼大，否則大家都以為他取代了原來的鐵三角與四大天王，但黃日燦在裕隆沒有正式職位，只是掛名特別顧問，他可以有權不負責任，那就更不得了了。

本來黃日燦以為自己慢慢減少開會，引薦人才進來，大家不會察覺他的用心，沒想到吳舜文敏銳地感覺到了。有一陣子，她也忍住不找黃日燦商量公事，後來有一次黃日燦剛出差回來，假日到吳舜文家裡吃飯，她忽然嘆了一口氣說：「我這陣子也學到了，沒有你，我應該要怎麼做。」聽得他心裡一驚，不得不佩服她的洞察力，看到黃日燦抽退，也默默調適自己去習慣，重新熟悉其他人。「所以老太太實在太厲害了！」

令人意外的是，黃日燦這樣的做法，吳舜文反而比以前更信賴他，也最聽他的話。

鐵娘子的魄力與修養

早年裕隆與日產關係緊張，這是因為裕隆一直要做自己的車，不願意同等對待日產，所以早年其他地方的日產車 Logo 裡面寫的都是 Nissan Sentra 或是 Nissan Bluebird，只有台灣裕隆生產的日產車沒有 Nissan 這六個英文字母，只有車種名稱，例如 Bluebird，而 Logo 放的是裕隆原來的自有品牌標誌 Yue Loong。

日產當然非常不高興，但是吳舜文堅持不改，因為裕隆一開始與日產的合作，就是只放裕隆的自有品牌標誌，日產一開始也沒有抗議，更何況，裕隆一直希望發展自己的品牌，就更不考慮將日產的 Logo 放上去，而整個裕隆集團的人也不敢跟鐵娘子建議。黃日燦了解這個情形後，跟大家開會時也認為，這樣的合作無法水乳交融，因為日產不高興，當然不會把最好的車子給裕隆。

當時黃日燦就對嚴凱泰說：「凱泰，你等一下跟你媽媽講，這樣子是不通的啦。」結果嚴凱泰說：「我才不敢去。」大家又請裕隆總經理去，他也不敢；黃日燦又對徐善可說：「Allen，你去跟董事長說。」徐善可回答黃日燦：「你最會講話，董事長最聽你的，你去。」到最後每個人都點頭，強推黃日燦去講，認為只有他去才可能成功，其他人去是不會成功的。

當時黃日燦經常有義不容辭或當仁不讓的心態，但一馬當先衝去之後想想，自己有點傻，當箭靶子都不知道。不過，那天黃日燦還是走進吳舜文辦公室，先坐下來跟她聊聊裕隆與日產，然後才說：「董事長，你以前曾經跟我說，要我知無不言，言無不盡，有件事我想你聽了可能會生氣，不過，我覺得這件事很重要。」他盡量講得委婉，表示裕隆應該要尊重日產的 Logo，改用他們的 Nissan 商標。

吳舜文聽了果然很生氣，說：「這沒道理！連你都這樣想，我們今天不談了。」隨後她就站起身去洗手間。這是她第一次對黃日燦發脾氣，黃日燦坐在位置上心想，果然其他人都聰明，就是他這個大笨蛋。但他也不敢走，一直坐到吳舜文回來問他：「你還在啊？」黃日燦趕緊站起身說：「董事長，那我就先下去了。」當時他想，這件事果然還是搞砸了，一方面心裡也不太痛快，因為從來沒有人這樣對待他，所以他也沒回樓下辦公室，而直接回家。

隔天上午九點半進辦公室，黃日燦的祕書很緊張地跑過來對他說：「樓上一直打電話來，問你來了沒有？後來董事長還親自下樓來，確定你沒有來後，交代說，如果你一來就請你上去。」黃日燦心想，完了，董事長的氣還沒消。等他上樓到吳舜文辦公室，坐在椅子上忐忑不安時，吳舜文進來坐下後，看著黃日燦便說：「我昨天發了脾氣，很不應該，所以我先跟你道歉。我以前要你知無不言，言無不盡，結果你做到了，我卻對你發脾氣，這是我的不對，以後我絕對不會為了這種事情對你發脾氣，要鄭重地麻煩你，還是知無不言，言無不盡。」

隨後她又說：「你昨天講的事情，我回去之後也想了很久，你再講一遍給我聽聽。」黃日燦只好硬著頭皮再講一遍給她聽，吳舜文聽完後又問：「美國、歐洲也都是這樣嗎？」黃日燦點點頭，吳舜文聽了就說：「好吧，那我們就跟著國際潮流，我們就改吧。」這個決定出來，其他人也傻眼，竟然就這樣通過了。

裕隆態度一改，把這個結打開後，日產覺得裕隆終於開竅了，合作關係也因此更密切，才會把 Cefiro 車型給裕隆在台生產，裕隆因此一炮而紅。

帶隊打開中國市場

「吳舜文從那次以後，再也沒有對我發過一次脾氣，我一直很感念、尊敬她，她有很多外行的地方，但是她的修養，讓我學到很多。」黃日燦感嘆地說。擔任裕隆特顧之後，黃日燦除了協助吳舜文在經營管理上拿主意，做決策外，也陪吳舜文以及裕隆高層到大陸開發市場，經常與中國高層見面，這又讓他看到豪門如何經營關係。

他指出，到中國做生意非跟他們的政府打交道不可，因為在中國，任何事都是政府的事，做任何投資也都要政府審批；尤其裕隆是製造車子，當時中國大陸的汽車市場是不對外開放，但是他們又很希望裕隆過去做生意，他因此看到兩岸之間錯綜複雜的家庭人際關係。

由於吳舜文的堂哥吳階平以及吳階平的弟弟吳蔚然，都曾先後擔任過北京協和醫院院長，歷任中國國家領導人都是他們的病人，吳階平後來又擔任人大常委副委員長，裕隆有這層關係，比較容易進入中國，「台灣很多企業也是因為有這種家族關係，我們西進中國大陸才會那麼順。」黃日燦說。

後來黃日燦不僅代表吳舜文帶隊前往中國視察，也代表台灣其他家族去中國探路，對中國內部政策如何形成、幕僚如何作業有較深入的了解，也看到台灣進入中國的訣竅、套路與人脈關係。例如，裕隆要去中國溝通生意之事，不可能什麼事都找吳階平，那時他才了解祕書的重要性，「大陸祕書叫做二號首長，你把祕書搞定，他就會幫你搞定。」

另一方面，他也親眼見證嚴家的創業心路歷程。

黃日燦說，其實一開始嚴家到台灣來是先做台元紡織，非常賺錢，當時台元紡織做的是最好的棉紗，如果裕隆不做汽車，光靠買房地產就可以把一大片台北市買下來，為什麼還要這麼辛苦做汽車？

這是因為裕隆汽車創辦人嚴慶齡是留學德國的工程師，他畢生的夢想就是為中華民國汽車工業裝上四個輪子，就是要製造車子，但是車子做出來還得人民有錢買，才是適當的汽車產業環境。但是嚴慶齡等不及，一九五〇年代，台灣平均國民所得不過一百多美元，他就開始組裝吉普車了，等到台灣國民所得到了五百美元時，他就去做青鳥轎車，所以一開始，青鳥只能做為計程車使用。

有人批評裕隆拿國家補貼，關於這一點，黃日燦要為裕隆說句公道話，表示嚴慶齡一開始製造汽車時，沒有拿國家補貼，只是到後來，國家也覺得汽車工業應該要被鼓勵，因為這是龍頭工業，所以才開始補貼。

「所有這些大的產業，國家一開始不補貼，哪會成功？只是補貼完了之後，當然有成材與不成材的。有些企業是拿了國家的錢，自己的錢一分都不投入；行了就是他的，不行就是國家的，但裕隆不是，嚴家是把台元的錢一直砸進去。」黃日燦說。

一九八一年，吳舜文成立裕隆工程中心，僅僅五年，就在一九八六年成功研發出飛羚汽車，成為台灣之光，但是整個銷售策略卻是錯的，因為工程師設計出來的車子是工程師的最愛，卻不是一般人的最愛，對不懂工程技術的人來說，坐在裡面並不舒服；同時裕隆沒有自己的引擎，所以後續沒有新車種，但沒有後續新車種就完了。

「一九八一年就敢投資工程中心，一九八六年就做成這樣的車子已經很不容易，」黃日燦表示，光是成立工程中心就要二十幾億元，後來又陸續砸了二十幾億元，當時二十幾億元可以把敦化南路全部買下來，所以他好奇地問吳舜文：「董事長，你那時投資工程中心就要二十幾億元，妳的投資報酬率是怎麼評估的？」吳舜文笑笑說：「沒做，我們就是要設，所以投資報酬率沒有評估。」因為這是嚴慶齡創辦人的夢想，黃日燦在吳舜文身上感受到創業家的精神。

裕隆投資的工程中心是台灣第一個工程中心，當年只要念機械相關科系，或是對機械情有獨鍾的人，都進入工程中心工作，一時人才薈萃，為台灣培養了許多機械人才。「今天台灣汽車產業發展，裕隆工程中心扮演了重要角色，所以吳舜文很偉大。」黃日燦說。

協助裕隆消弭荷蘭風波

一九九〇年，因為飛羚在台灣銷量少、折舊高等因素，為了救飛羚，在黃日燦還未返台之前，裕隆就決定外銷飛羚。正好當時荷蘭有一個家族，接班的二代跟嚴凱泰年紀相仿，兩人也投緣，對方表示可以做飛羚的總經銷，荷蘭據點設立好之後，裕隆的飛羚就順利銷到荷蘭。

但是問題來了，車子賣了一年多，第二代車做不出來，對方也跳腳，因為做為總經銷不可能只賣一代車，裕隆沒辦法，坦言車子做不出來，對方就表示，問題很嚴重，將求償天文數字。

首先，因為在歐洲不能隨便開除人，荷蘭的家族二代做為總經銷，經銷商的人事成本怎麼辦？其次，台灣當時對經銷商的法令保障很低，但是在歐洲，如果沒有對總經銷依約履行，不只要賠償成本，連預期獲利都要賠償。如果打官司一定會輸，唯一解套的方法就是和解，但是和解的話，幾乎要照單全收巨額賠償，大家都不知道該怎麼辦。

吳舜文也沒有想到會導致這麼嚴重的後果，她對黃日燦說：「Jack，這件事很大條啊，你覺得法律該怎麼詮釋？我們法務說還有解釋空間？」黃日燦回答說，沒有解釋空間，就是要賠償人家所有損失和他們的預期利益，包括這些分銷商人員的安置種種。打官司就是輸到底，所以不能打，只能邊談，邊看著辦，因為他也真不曉得該怎麼辦。

誰去談判呢？大家都不願意承接這件事，因為輸面太大，萬一談不好，上頭會更生氣。這時候吳舜文說：「Jack，你就去吧。」大家一致同意。於是，黃日燦每個月都飛到荷蘭跟那位家族二代坐下來談判。

黃日燦在與對方談判時，完全從對方的立場去想，由於這位二代原先就跟嚴凱泰很投契，所以黃日燦對他說：「嚴先生非常抱歉，不是故意要把你整到這個程度，而是因為沒經驗，我們急著想突破，所以汽車生產、銷售和研發的人都太樂觀了，完全是我們的錯，你一點錯都沒有。」黃日燦接著說：「只是我們也賠不了這麼多的錢，假如你堅持這麼大的賠償金額，你有你的道理，法律也站在你這邊，但是我們賠不起；如果照這個數字賠償，大概未來二十年都在替你打工，更何況我們很可能就倒下了。」

換言之，如此巨大的賠償，就算對方贏了官司，可能也拿不到錢，因為裕隆倒了。接著黃日燦又說：「站在公開上市公司經營者立場，既然後果這麼嚴重，雖然都是我們的錯，但是我們一定會打官司到底，因為不打官司我們就會倒閉。所以第一，我們一定打到底；第二，這個官司不知道會拖多久；第三，你不一定拿到這些賠償。」

這種軟硬兼施的談判，目的是要讓對方覺得，第一，裕隆沒有逃避責任，是裕隆的錯；第二，裕隆很願意賠償，只要付得起，如果付不起，只能打官司，否則公司會倒閉；第三，如果打官司，對方不見得全贏，即使贏，也會拖很久才贏，或者贏了卻拿不到鈔票。

這位荷蘭二代想了許久後，終於妥協，開始跟他重新談賠償金額，最後裕隆以非常合理的價格賠償。基本上就是賠償對方的實際損失，不賠償預期獲利；其次，雖然無法再賣飛羚，但是荷蘭二代改賣奧迪汽車，所以經銷商還是有生意可以繼續做，只是改招牌而已，大大減少了實際損失。這就是黃日燦的談判風格，盡量站在雙方立場去解決問題，而不是把事情鬧大。

談妥後，當天黃日燦回到旅館立刻連夜手寫二、三十頁和解契約，傳真回台北給助手打字，等他一覺醒來，台北已經打好字，傳給他審閱，一場原本可能激烈冗長的官司就這樣消弭於無形。幾年後，台北眾達一位律師找檔案時發現這份手寫契約原稿，立刻印出來給大家傳閱，大家都驚嘆，如此條理嚴謹、無懈可擊的和解合約，竟然是在短短幾小時完成，而且是在歐洲旅館裡，手邊毫無任何參考資料的情況下，一字一句手寫完成。黃日燦說：「這跟我早年做中英文契約翻譯有關係，我把契約的結構、詞句都記得牢牢的。」

洞悉台灣汽車業的困境

事實上，到了二〇一二年以後，裕隆自行研發出納智捷汽車（Luxgen）又面臨同樣的情形，外銷到俄國時，車子賣了半年，因為沒有後續車種，無法再繼續了，這就是汽車業的兩難，因為做出汽車後，還必須要賣出一定的銷售量才有錢去研發後續車種，如果第一代沒有賣出一定的量，把模具等折舊攤完，哪來的錢去研發第二代？因為隨便改個車尾就是好幾億的成本投入，但是不衝後續車種，又沒機會繼續發展壯大。

黃日燦表示，最理想的狀態就是第一代車可以賣出二、三十萬輛，才能有足夠的銀彈去衝第二代研發。但是台灣市場太小，進口加上本地製造，整個台灣市場最高賣到五十萬輛，但是後來台灣企業西進中國，數字又掉了下來，最低的時候一年只賣出十幾萬輛，自有品牌如何存活？所以一定要外銷。

「追根究柢，不做夢是最安全的。」黃日燦感嘆。

事實上，當初黃日燦說服吳舜文在日產汽車上改 Logo，列入 Nissan 字樣之後，裕隆與日產關係就更密切，日產開始將好的車型引進來，包括一炮而紅的 March，以及 New Sentra，尤其是後來的 Cefiro，原本是進口車，因為裕隆組裝汽車品質愈來愈好，爭取到 Cefiro 國產化，當時裕隆的工廠是在苗栗三義，公司在台北，溝通不方便，當時也沒有視訊、手機等溝通工具，後來是林信義建議廠辦合一。有一段時間，嚴凱泰更乾脆搬到三義去住，因此與工程中心的團隊建立革命情感，所以後來嚴凱泰組建的經營團隊，從襄理、副理到經理，大部分都是工程中心出來的人，就連裕隆汽車副董事長陳國榮，當年也是工程中心的試車手，為台灣培養了許多人才。

Cefiro 大賣後，裕隆的聲譽如日中天，也賺了很多錢，集團開始朝多角化經營發展，當時黃日燦對吳舜文說，你的紡織會愈來愈小，汽車雖然很棒，但是我們先天不良，後天失調，我們最強的還是做別人的車，如果做自己的車，第一，品牌必須打出去；第二，裕隆自己沒有引擎，如果都靠別人提供引擎，做出來的事情只會事倍功半，如果光靠這兩塊版圖，雖然裕隆仍在台灣十大集團裡面，但是遠景不佳，應該要投資高科技。

然而，遺憾的是，一九九〇年代，台灣高科技剛起飛，裕隆後來也投資不少，可惜只是到處插旗，沒有真的獨大，可能是傳產的人比較保守，對於看不懂的就不太敢碰，而是挑一些以製造為基礎的高科技設備產業，但是這些後來都變成只是生產線裡的基本東西，賺不了錢。

裕隆雖然有嘗試跨業投資，卻沒有把火燒旺，加上裕隆太注重本業，一方面裕隆汽車的營收都很大，一輛車就賣出幾十萬元，賣出一千輛就有幾十億的營收，所以要找到跟它相當規模的行業不容易，也不敢冒險。一方面當時因為與日產關係變好，相繼推出March、New Sentra、Cefiro，想要把版圖拉出去爭取外銷，「當時所有的人都在想這個，你不能說他們錯，但是太注重本業，其他的就冒不出頭來。」因此，到現在裕隆集團主要還是以汽車、紡織兩大產業和房地產為主，即使後來有做創投，但是頂多財務上數字不錯，並沒有衝出一大塊事業版圖，所以吳舜文說：「創投就是撒胡椒粉。」

唯一慶幸的是，當年李國鼎找大企業投資台積電，台元紡織也在其中之一，而投資完就忘了這件事，所以股票一直都在，「最無心，反而做了最對的事，我們是台積電最早的投資者，然後一直沒有賣股票。」

嚴凱泰接班後的品牌大夢

黃日燦一路協助吳舜文母子積極拓展事業版圖，然而，對裕隆來說，轉型真的不容易，天時地利人和都要對。由於嚴凱泰想要做自己的品牌，但是日產絕對不會同意，後來討論出來就是將老裕隆分成兩塊，一塊是與日產有關的部分，變成裕隆日產，正好日產一直想進軍大陸卻不成功，透過裕隆日產，就能順利進入；至於非日產部分，就是今日的裕隆汽車，成為純代工製造。「如此一來，我們跟日產就沒有瓜葛，就可以劈腿了。」黃日燦這樣思考著。

換言之，任何在台灣要賣車子會超過五千或是一萬輛以上的國外汽車公司，若想在台灣當地生產，裕隆都可以幫他們代工，裕隆的代工成本也能因此降低。

「二〇〇三年與日產的分割是很重要的一步，等於把雙方綁在一起的關係拆開來，該綁的繼續綁，不該綁的就分開來，我們就海闊天空。」當時，裕隆打出的口號就是成為汽車業的台積電，也跟很多外國汽車公司簽了MOU（合作備忘錄），「可惜的是，策略什麼都對，就是天時不對。」

與日產分割後，正好是台灣企業西進大陸最積極的時候，很多會買車、用車的人都在大陸，台灣汽車市場因此剩下十幾萬輛的銷售量，「我們做對的事，卻沒有產生對的結果，」黃日燦說，至少裕隆汽車自由了，將來時來運轉，還是有可為之處。

自由之後，嚴凱泰開始衝自有品牌納智捷，雖然黃日燦很早就開始淡出裕隆集團，但是嚴凱泰碰上大事還是希望黃日燦支持他的決定，黃日燦跟他說：「你賭很大喔，最好三思。」因為這個賭不是一次而已，而是要賭一段很長時間，他問嚴凱泰有沒有至少準備一千億元力拚一搏的打算，而且這一千億元投下去還不一定贏，但至少有了這一筆錢，還可以撐一下，「後來的錢也差不多花那麼多。」

至於有沒有賺回來？黃日燦說，其實二〇一六年時，納智捷幾乎破了十萬輛的銷售，如果繼續照這樣的成績下去，兩年後，折舊大部分都攤回來了；如果折舊都攤了，即使減價都能夠賣一塊錢就是賺一塊錢，但是折舊攤不夠的話，虧錢也得賣，就是賣一輛虧一輛，只求現金流。

但只能說，人算不如天算，碰到二〇一六、一七年，大陸汽車市場開始崩盤，功虧一簣。黃日燦感嘆，或許是前面太容易賺錢，大陸那邊的東風汽車也賺了很多錢，所以剛開始大家都覺得錢不是問題，很多配備都追求特別設計，但是一旦賣不動車子，什麼都是成本，「凱泰那時身體又不好，大家有問題也不敢真的跟他明講，所以他也不曉得問題有多大，他不曉得，我就更不曉得了。」黃日燦回想當時的情勢。

但黃日燦與嚴凱泰還是繼續保持週日一起用餐的習慣，那時黃日燦就提醒嚴凱泰：「你要搞納智捷，新店土地開發就要暫緩。」所以當時裕隆才會賣出一塊新店的土地給宏達電，換現金去補貼納智捷。然而黃日燦沒想到，新店土地開發案後來愈弄愈大，超過十年時間的規劃，不僅設計上投入數億元，開發更可能還需數百億元的資金，而且當時是希望在新店區蓋一個比信義區更高檔的建築，所以裕隆城設計案本來是由建築女帝札哈・哈蒂（Zaha Hadid）設計，但是發包不出去，因為沒有人會做。

有所為有所不為，一旦承諾必竭盡所能

二〇一八年，嚴凱泰已經重病，他自己也開始擔心納智捷與新店開發案的事情。有一天，他找黃日燦過去，某種程度是在托孤。黃日燦告訴嚴凱泰，他已經幫了吳舜文與他幾十年，這一點當然義不容辭，但是關於集團的事情，如果要他幫忙，一定要把兩件事情講清楚，如果講不清楚，他沒辦法答應。第一件事就是，納智捷該怎麼辦？他聽外頭，還有內部的聲音，似乎要繼續做，如果一定要做，他也束手無策。第二件事就是新店土地開發

案，是不是一定要照現在這樣進行？假如是，他也無能為力。

這兩件事黃日燦要求嚴凱泰一定要給他答案，他才知道該怎麼做，假如嚴凱泰的答案是繼續做，他也沒辦法，只能做損害控管。「結果他說他太累了，不談這兩件事，因為他也知道很煩，我說不談，那我也沒辦法答應，等你願意談，我們再來講，」但是嚴凱泰不放他走，他知道自己病重，萬一這是最後一次見面，這整個事情就不了了之了。

「後來他想一想說：『這樣子，你替我去了解，你全權作主，要停也沒關係。』我看他自己心裡也曉得，只是不願意講出來。」黃日燦再三跟嚴凱泰確定想法後，隨即找陳國榮、戚維功、林信義等相關高層主管會談。

「後來我就全砍了，」黃日燦當時做出兩個決策，第一，納智捷在大陸要繼續做可以，但是台灣的錢沒辦法再過去支援，所以能做就做，但不要寄望台灣這邊的錢可以無限金援；第二，新店土地開發，商場可以繼續做，但是設計要改，不再採用札哈．哈蒂的設計，同時住宅區開發暫緩。「這兩個決定，如果凱泰沒有授權我，誰也做不來；假如不是我，國榮也不一定要聽，因為他相信我不會亂傳聖旨。」黃日燦說。

裕隆要做自己的品牌，走的是一條艱難的路，尤其在沒有自己的引擎的前提下，能夠走到今天，已經很不容易，黃日燦用務實客觀的心態去分析，納智捷花了這麼多錢，就是著將台灣自有品牌的汽車研發出來，所以也砸下許多錢在設計上，好不容易做出來，眼看著市場稍微有起色，偏偏碰到大陸汽車市場崩盤，讓裕隆沒有機會去把投資的錢收回來；另一方面，電動車市場，其實裕隆也很早起步，但或許是太早了，所以兩邊都在衝，當時的心態是，萬一錯過了怎麼辦，結果就是兩邊都燒錢。

「假如晚個五年、十年，我們就順勢走電動車，可能就走出路子來了，你看現在電動車搞來搞去，有幾百億嗎？沒有耶，我們那時投了多少億啊，這些都是時也命也運也。」因為後來嚴凱泰身體不好，大家只能繼續按照原路去走，要改變很難。黃日燦認為還好現在改變了，至少止血、停損，雖然不是一條猛龍，但至少又是一條龍，裕隆又回到原來為汽車做代工，以及做一些房地產，該賺的錢還是繼續維持，至於新事業，就賭電動車的未來性和水平事業的創新發展。

感念吳舜文的知遇之恩

黃日燦從一九九〇年開始擔任裕隆集團董事長特別顧問，他與吳舜文及嚴凱泰母子的緣分非常特別，從公事上開始結緣，最終超越了客戶上的往來。一位出身貧困，另兩位出身豪門，但三人有一個共通點，就是非常重情重義。情義，將他們三人綁住了一生。

黃日燦從一九九〇年到二〇〇八年擔任吳舜文的特別顧問，不只親身見證鐵娘子做事爽朗的大器，也看到早年企業家重情重義的一面。為什麼黃日燦與吳舜文、嚴凱泰非常投緣？

雖然黃日燦是家裡的獨生子，成長歲月裡也都與父母住在一起，但或許是懂事以來，家裡就過著欠債的日子，一家人雖然緊密住在一起，心靈間卻從不親密。他經常都是獨自一人吃飯，因為每個人都在為生活忙碌，只有除夕時才有空一起坐下來，但是一起坐下來吃飯，面對的也常是親人間的抱怨責難，所以他一直跟兒女說，不要在餐桌上吵架，這是他的忌諱。

當年黃日燦剛擔任特別顧問時，吳舜文因為年紀大了，黃日燦看到她起身走過來時，自然而然上前扶她，她也很自然地拉著他的手臂，結果這一幕把裕隆集團裡的員工給嚇壞了，因為大家對鐵娘子都非常敬畏。黃日燦有一位小學同學也在集團裡工作，後來跟黃日燦說：「你實在很大膽，鐵娘子沒人敢靠近三公尺以內。」不過，吳舜文不但不排斥，還對黃日燦說，他的身高對她而言，非常剛好，拉著他的手臂，不高也不低，走起來舒服，加上她年紀大了重聽，而黃日燦說話的音調，她都聽得見，彼此就是非常投緣。

做為集團最高領導者，吳舜文在經營管理上自然有帝王領導統御術。她一方面充分授權，一方面也不容易信任人，但黃日燦從來沒感受到不被信任，或許是因為他堅持不進入裕隆集團服務，所以立場超然，即使吳舜文與嚴凱泰一直希望他進來，「無論如何我很謝謝她，讓我從來沒有感覺我跟其他一般人一樣，她不相信我，沒有！」

素昧平生，卻從一開始就非常相信他，黃日燦說：「有錢人要不要把你當家人是一件很慎重的事，」黃日燦因為自己家裡人口簡單，他把很多朋友都當兄弟，但是吳舜文母子卻像他的家人，比一般朋友更親。吳舜文母子也把黃日燦當家人，黃日燦去嚴家，從來都不需要事先打電話，直接就過去了，可見信任親密的程度。

認識黃日燦的人都知道，他有一個鐵則：「這輩子有三個女人的電話，我一定馬上接，一個是我太太，一個是我女兒，一個是吳舜文，三個人的電話我隨時接。」也因為非常感念，所以他一直對吳舜文有承諾，承諾陪伴著嚴凱泰成家立業，完成母子接班任務。「後來凱泰開始管事掌權，跟她意見不合時，她也會念，但這方面凱泰處理得不錯。有時兩個都會跟我告狀，我就把他們搓到彼此沒有不同意見，」黃日燦經常對吳舜文說：「董事長，年輕人有時要給他闖闖，小錯不斷，大過不犯。」很多事情就這樣過去了。

當然，他也幫助這兩位母子許多，他在美國所有的訓練與經驗，正好是當時吳舜文所需要的，小則個人私事上的處理，大則公司的經營策略等等，他在美國高特兄弟與眾達，各種五花八門的事，就算沒做過也看過，都難不倒他，正好可以發揮所長，提供吳舜文不一樣的視野高度。

也因為黃日燦提供的幫助，讓吳舜文放心，也穩住了整個集團，所以吳舜文對嚴凱泰的接班也開始有信心，從一九九〇到二〇〇〇年初，三人的關係非常深入緊密，但是二〇〇〇年後，黃日燦卻選擇逐漸淡出，一方面嚴凱泰已經從青年進入壯年，能力開始增強了，也有了自信心，黃日燦選擇往後退，不要讓他們繼續這麼倚賴他。

黃日燦很清楚一件事，不在其位，不謀其政。他尚未淡出前，幾乎每天各種大小事情，吳舜文都要叫他上樓來詢問意見，倚賴他到這種程度，但黃日燦說：「我不是Mr. know all，倚賴到我沒有意見也要有意見，這不妥。」有些事情，他不在那個部門主管的位置上，其實不應該講太多話，如果對方不買單，再對的事情也是錯的。他不進裕隆，就是要保持超然與客觀，凡事提點一下就好了。所以黃日燦常跟吳舜文講：「我說好的，不一定對，但我說不好的，大概就不要做了。」事後證明，黃日燦說會成功的事情，不一定都能成，但是黃日燦說會失敗的事情，大概都如他所料。

黃日燦的大學同班同學、新光保全前董事長林伯峰有一段時間加入裕隆集團，親眼見證吳舜文與嚴凱泰對黃日燦的倚賴。當時林伯峰在黃日燦的引薦下，到裕隆集團擔任裕元建設總經理，他回憶：「我在裕隆時就知道黃日燦很夠力，裕隆遇到的任何問題，包括中國的重大決策、到大陸投資、貸款案或是其他事情，從民事糾紛到決策，都少不了黃日燦。鐵娘子也很尊重他，很多問題都需要黃日燦解決。我們那一代的幹部，沒有不認識他的，大家都知道黃日燦是所謂的『國師』，在裕隆，黃日燦可以說是一言九鼎。」林伯峰表示，尤其是嚴凱泰非常倚重黃日燦，把黃日燦當大哥一樣看待，非常尊重他。大家都知道他是黃律師，不是裕隆的員工，只是特別顧問，可是裕隆對他非常禮遇，黃日燦對嚴凱泰的影響也非常大。

一九九一年，嚴凱泰與陳莉蓮結婚的前幾個月，吳舜文吃飯時，沒注意到地面上的高低，因而摔倒，當時是假日，黃日燦是第一位趕到榮總的人。吳舜文抓著他的手，聆聽醫生說她的腿傷有兩個選擇，一是觀察後續，但是嚴凱泰結婚那一天，鐵定無法走路；二是馬上開刀，加上復健，嚴凱泰結婚時就可能有辦法走路。

吳舜文想也不想就說：「開刀。」黃日燦提醒她，是否要等嚴凱泰來醫院再決定，她說：「你在就好啊。」她堅持嚴凱泰結婚那天，一定要走著進禮堂，拒絕坐輪椅，所以選擇開刀。黃日燦還記得陪著她往開刀房的路上，吳舜文抓著他的手用力捏了兩下，「我那時的直覺是，萬一怎樣，她要我看著。」當下他點點頭。

後來他看著吳舜文拚命復健，就是要健健康康地走進禮堂，到了嚴凱泰結婚當天，籌備小組問吳舜文要如何走進禮堂？是特別護士攙扶她進去嗎？吳舜文說：「Jack，你跟我一起走進去。」當下大家都愣住。當時他才回台沒兩年，圈外人都不認識他，當黃日燦攙扶著吳舜文走進禮堂時，大家都好奇地問：「那個人是誰啊？」

結婚典禮快結束時，吳舜文忽然轉頭對黃日燦笑了笑，捏了一下他的肩膀說：「都謝謝你喔！」簡短一句話，意味深長，因為她看到嚴凱泰成家了，看到嚴凱泰從剛回國進入裕隆時的惶恐，到後來也能獨立撐起家業，她感謝黃日燦一路以來的幫助。

「她對我是知遇之恩，那麼尊重我，相信我。」黃日燦說。

重情重義，接下嚴凱泰的臨終託付

二〇〇八年，吳舜文過世，嚴凱泰的第一句話就是，黃日燦也是他的特別顧問。所以，繼一九九〇年，黃日燦擔任吳舜文的特別顧問長達十八年後，又接續擔任嚴凱泰的特別顧問，也就是從二〇〇八年一直到二〇一八年底，嚴凱泰過世。

其實在吳舜文過世的前幾年，因為身體不好，已經交棒給嚴凱泰了。黃日燦雖然仍是特別顧問，但是他很早就往後退一步，讓嚴凱泰學習自己去面對，他說：「我沒在他旁邊，他才做得起來。假如我參與那麼多，手伸那麼長，他在我面前要怎樣子強？」

但是嚴凱泰也非常清楚黃日燦的重要性，所以嚴凱泰曾經說，他身邊不能都只是講好話的人，還是要幾個敢觸他霉頭的人，「Jack 就是，但不能太多。」假日一起吃飯時，如果嚴凱泰主動問黃日燦事情，該講的黃日燦還是會講。

從輔佐吳舜文，到輔佐嚴凱泰，兩人的領導風格很不同。「吳舜文喜歡新人，當年我參與的時候就一直把外界的人帶進來，她很喜歡，也喜歡靠大家一起來完成。」但是嚴凱泰喜歡親自領軍，尤其他正式接班後，當時廠辦合一，加上 Cefiro 大賣，他有了自己的班底，的確愈做愈好，外界都稱他為「少康中興」、「凱泰中興」、「新一代的經營之神」。

但是個性使然，加上有潔癖，黃日燦說嚴凱泰成功之後，不太跟其他企業往來，嚴凱泰也不喜歡社交，所以他在企業界並沒有太多真正交心的朋友。此外，裕隆集團本來就比較保守，所以整個經營團隊有自己的體系，又是同質性高的人聚在一起，少有內部制衡，對外界也無感，就成為最大問題。例如，一九九〇年代，裕隆很早就開始投資高科技產業，但是大家都衝比較安全的這一塊，所以沒有衝出新的事業體出來，這跟企業用人有關，胡思亂想的人，在這裡活不下來，大家都打安全牌，為自己留一點後路，難免有設限。

吳舜文過世後，黃日燦因為受中國信託大家長辜濂松之託，擔任中信金控獨董，而中華汽車因為與中國信託有借貸關係，所以黃日燦需要退出中華汽車董事會，而嚴凱泰接班後，基本上覺得已經可以掌握，不需要每事問黃日燦，這段期間，正好幾件大事相繼出來，從納智捷到新店土地開發案。起初，納智捷的項目與新店土地開發案在董事會裡討論時，都講得很簡單，這是因為一般到董事會報告都講得很簡單，至於進行中的問題與構思等，負責的主管會直接跟嚴凱泰報告，而嚴凱泰聽了，如果覺得不嚴重或是沒有聽出問題來，他也不會去找黃日燦商量。二〇一六年，黃日燦也退出了裕隆董事會，直到嚴凱泰生病之後，他才又逐漸回去幫忙。

嚴凱泰第一次生病是在二〇一五、一六年左右，他生病後，除了固定假日一起吃飯，變得經常打電話找黃日燦，而且要黃日燦馬上過去跟他見面，如果不去，嚴凱泰就會半真半假地說：「你看不起我，你一定要來。」因為他是病人，黃日燦就順著他。

「他最喜歡談的就是過去，談以前在美國他到我家來怎樣，就是懷舊，」黃日燦說反而公司的事情談得不多，因為嚴凱泰知道黃日燦對公司的一些事情並不贊成，但黃日燦也很清楚，命令已經下去，團隊也拚命地衝，如今想要收手，不是那麼容易，嚴凱泰也就不願意面對。

但另一方面，嚴凱泰生病之後，也開始領悟到自己有厲害的地方，也有不厲害的地方；尤其在政治上，也慢慢覺醒，他並非國師，別人捧他，其實有很多原因，「他跟大陸關係好，尤其以前可以直通等等，都是在利用他，還有他的鈔票鬆，他願意支持大家。」這位被嚴凱泰視為親人一般的大哥，用痛心疾首的心情，冷眼看他身邊的一切，但人在順境時，是聽不下這些逆耳的話，所以黃日燦謹守特別顧問的身分，「你不問我，我就是顧門，沒有嘴巴的人；你問我，我才有口，我就是顧問。」

也因為黃日燦早已經淡出，不太管裕隆的事，少了他重要的制衡力量，幾件重大的事情在決策上，才會搞得後來比較難以收拾。「那美好的仗我們已經打過了，也沒有完全白費，也不是完全錯的仗，因為戰場很長、很深，到最後老天又不幫你，就沒辦法了。」黃日燦遺憾地說。

嚴凱泰後期病重時，經常躺在病榻上，有時他身體比較舒服時，會出來跟黃日燦吃飯，有次曾對黃日燦說：「那時不應該放你走，我最大的錯就是放你走，想說我們會常常見面，錯！」黃日燦也沒想到，總覺得反正每週日都會碰面，加上他有自己的事業要拚，只能幫到一個程度。

「凱泰的過世，是完全意外，」黃日燦說病情拖了幾年，雖然大家有預警，但中間一度好轉，嚴凱泰自己也以為治癒了，即使隱隱約約開始為後來做準備，但是公司的事情還是放在那裡，而嚴凱泰再次復發時，已經病重，所以公司的事情才沒有準備好，導致後來比較辛苦。

二〇一八年十二月三日，當天黃日燦因為在竹科有幾場演講，一整天都在新竹，手機關靜音，等到下午演講完畢，他拿起手機一看，滿滿一長串的未接來電。有眾達事務所負責裕隆客戶的陳泰明律師的來電；有裕隆高層主管的來電；還有他自己的祕書的來電，黃日燦打電話回去，才知道大家都在榮總等他。

跟嚴凱泰也情如兄弟的陳泰明在電話裡邊哭邊說：「你要趕快來，凱泰在等你，已經很痛苦，沒力氣了，他現在就是一口氣，一直沒走，我們都跟他講，你放心等等，黃律師已經在路上趕來了，他就一直還在那裡。」所有人在那種情況下，都知道嚴凱泰在等黃日燦。黃日燦聽了，立刻一路飆車從新竹回台北，「那天司機很神勇，都走路肩，衝啊、衝到榮總特別病房去。」

黃日燦一衝進病房，立刻上前抓住嚴凱泰的手，在嚴凱泰耳邊對他說：「凱泰，我來了，不好意思，我剛才在新竹啊，一路趕過來的，你放心，你前一陣子跟我講的事情我都記得，都有放在心上。你也奮鬥了這麼久，也不需要再這樣硬撐著，你就一路好走。你放心，所有的事情，我們其他人都在這裡，莉蓮也在這裡。」

話一講完，黃日燦的手被嚴凱泰緊緊的捏了一下，他看到躺在病床上，眼睛已經張不開的嚴凱泰，聽到他的聲音，頭稍微轉向他，極力想睜開眼睛，卻睜不開，然後慢慢地，捏著他的手漸漸沒了力氣，「然後我就感覺他一股氣出來，呼吸就停了，他的確是在等我。」

做為獨生子的黃日燦，無兄無弟，嚴凱泰視他為一輩子的大哥，把他當家人一樣看待。本來已經淡出的他，在嚴凱泰死後，銜命重返裕隆集團，當機立斷處理納智捷與新店土地開發案，把場面穩住，停損、止血，因為他深知，此時此刻，必須當機立斷、當仁不讓，換成別人，其他人不一定服氣，也不願意去做這種「把頭伸出來放在桌上」的事，萬一將來怎麼樣，讓人家剁，沒有人願意。

快刀斬亂麻之後，黃日燦又再度抽退，直到嚴陳莉蓮執行長請他擔任特別顧問，黃日燦與經營團隊協助她穩住公司陣腳，嚴陳莉蓮接班後，也做得有板有眼，有聲有色，在穩定中求進步，期待裕隆再創另一個中興。不過，黃日燦並不加入裕隆的決策委員會，他說還是當特顧最好，因為吳舜文在時，總是叫他：「特顧、特顧！Jack、Jack！」他覺得很親切，也說：「凱泰交代的，我都做到啦，我是為了凱泰去把這兩件事了斷掉。我是衝著他，我能做的我就做。這是一個人對人、朋友對朋友的承諾。」

陳泰明說，嚴凱泰年過四十後，各方面愈來愈成熟，諮詢黃律師的地方相對變少了，黃律師自己的事務所也正面臨轉型，但是碰到難以做決定或是困擾的地方，嚴凱泰還是會聽聽黃律師的意見，兩人非常好。

嚴凱泰重情重義，是真的把黃日燦當大哥看待，不僅對黃日燦好，也愛屋及烏。黃日燦的兒子黃芝駿也說，之前自己在北京創業時，嚴凱泰去北京時都會找他吃飯聊聊，關心他的狀況。黃芝駿回憶從小就跟著父母，每週日上陽明山到嚴家一起用餐，他喊吳舜文嚴奶奶，喊嚴凱泰 Uncle Kenneth，「我們真的很像一個大家庭，不是為了錢，都是為了感情，我覺得他們母子是完全信任我家，我們也是。」

「我爸爸的有些觀點，對嚴奶奶很有價值，不管是法律、公司治理或是國際趨勢；Uncle Kenneth 也很相信我爸爸，他們就是一個 team，很 balanced，Uncle Kenneth 有一個很好的特質，知道自己的優點在哪、缺點在哪，他認為我爸爸可以互補他很多弱點，他每次都說：『我在學校時也沒讀書，你爸是念哈佛的。』」

黃日燦感慨，他這輩子碰到很多貴人，道德重整合唱團讓他看到人性光明面，原來一個人有對的信仰時，可以如此堅持；跟裕隆的結緣則是讓他看到一個大家族，從吳舜文到嚴凱泰對他的倚重，給予他很多的舞台與視野，讓他接觸到許多不同的高層，「老實講，沒有他們，我一個人算老幾？就不會碰到。」

因為吳舜文的知遇之恩，因為嚴凱泰的重情重義，黃日燦說他還是會繼續做他答應嚴凱泰的事，「不管怎麼樣，至少我都有做到我的本分，我盡心盡力。」

第十四章　台灣最好的律師事務所：

不求最大，但求最好

「我一定要訓練出一批好律師，
訓練出新世代律師高手，台灣實務界才會進步。」

——黃日燦

整個九〇年代，黃日燦除了花許多時間協助吳舜文、嚴凱泰母子經營裕隆集團的事業版圖，重振裕隆事業外，當時，才年過四十的他，憑著過去華爾街律師事務所的歷練，學遍五花八門的功夫與本領，不僅在專業上勝任有餘，還能超前部署。他除了要建立台灣最好的律師事務所，衝新加坡的創投，深入經營亞洲超級富豪客戶，更計畫從台灣前進大陸，相繼在上海及北京成立眾達事務所。因此，早年眾達的亞洲事務所，幾乎都是由他帶領團隊，聽他號令，他的聲望在當時可說如日中天。

眼光精準，一出手就是世界級

黃日燦說：「我很會抓市場趨勢。」他剛回台時，台灣的金融業正開始蓬勃發展，第一要成立金控，第二是打包轉讓不良債權，第三是發行台灣存託憑證。一九九一年，時任財政部政務次長的賴英照，邀請黃日燦參加全國證券會議，參加的每個人都要認養一個題目，寫成報告。黃日燦挑了台灣存託憑證的題目來寫，台灣存託憑證打算在台灣發行，到海外去賣，他認為不宜，因為那時限定要來台發行存託憑證的券商，必須要具備種種資格，黃日燦認為規定太高，符合這些資格的人都只願意到紐約或是倫敦發行證券，台灣存託憑證市場太小，別人是看不上的，會看上的只有二流的投行。後來，大會洋洋灑灑達七大冊的報告，卻只有他認為不宜的「台灣存託憑證」被落實採行。

當時很多法律事務所在搶金控這一塊，但是黃日燦完全不搶，他認為在金控方面，牽涉的都是財報及財會要如何處理，法律事務所比較賺不到錢，反而是會計師事務所才賺得到。黃日燦搶的是不良債權。他分析，當時台灣有許多呆帳，而一九八〇年代，美國南方有很多儲蓄銀行因為房地產不良債權而倒閉，導致當時有一波不良債權轉讓與買賣，許多投行都在做這個，「這些人也都是遊牧民族，因為沒有一個國家的不良債權永遠存在；好的不良債權做完了，爛的沒人要買。」

黃日燦挑不良債權做的時候，那些德州做不良債權的投行剛好就轉進到台灣，黃日燦就代表他們，做台灣的不良債權；緊接著大陸也開始成立資產管理公司，將多家銀行與國有企業的不良債權打包，這些美國投行又跑到大陸去，正好當時黃日燦也前進大陸，就繼續做大陸的不良債權，等於是一條魚又剝皮好幾次，直到後來開始有人投機倒把，把優良債權打包成不良債權賤賣出售，種種弊端逐一浮現時，他立刻撤兵不做。

另一個則是債權證券化，剛開始台灣沒人做，也不會做。黃日燦因為在美國有類似經驗，做第一個案子時，利潤很好，第二個利潤也不錯，到了第三個就開始有人搶進，拿了他所寫的合約照抄，最後變成紅海，他就退出。黃日燦苦笑說：「我常常在台灣開發出一個產品，賺了幾個月，再來勉強保住一小片天地，要不然就是讓給別人。」原因是法律是沒有專利的，合約也沒有專利，自然很容易被別人抄襲。

在法律執業方面，黃日燦是第一位將併購經驗帶回台灣的律師，台灣的併購風潮自他回來之後，雖然沒有真的蓬勃發展，但他卻引進正確觀念，讓併購在台灣，成為法律人的顯學，也讓台灣的事務所將併購做為主要執業的一部分。

併購沒有蓬勃發展的原因，黃日燦剖析，台灣企業主的代工心態難改，習慣靠自己，不跑太快、不躁進，成為他們多年來生存的方式。就算代工擴廠，寧願自己建廠才有把握，而不是去買別人已經蓋好的廠。至於他的另一個企圖，希望能訓練台灣律師帶著台灣企業到世界各地拓展版圖，也沒有完全成功，至今大部分的台灣律師陪台灣企業客戶出去，還是沒辦法擔綱主導角色，而是搭配國外的律師事務所，這是黃日燦覺得可惜之處，沒辦法蔚為風氣，讓企業因為有這樣的律師輔佐，可以更快、更大膽往外走。「你帶動的人愈多，這個產業就會跑得愈快，」這是他多年來在美國執業的經驗。

另一方面，黃日燦努力衝刺的另一塊業務——新加坡與台灣的創投還沒有真正起飛，所以他設想讓台灣成為華人最大科技走廊也沒有實現，當時台灣創投很多、卻很小，而且都是跟投矽谷，業務都被美國律師事務所拿去了，他的事務所頂多幫人家設創投，但是二〇〇〇年以後，這些創投也關了許多，等於湊了一場熱鬧，卻沒有太大的成就。

金融市場黃日燦雖然做得不錯，開創了新產品，但是也只能賺前面，後續都被別人跟進，他感嘆：「所以我在台灣真的吃得穩的，還是這些五花八門的奇難雜症，不管是訴訟或是成熟企業的併購，還有就是海外華人的超級富豪業務，但這也都是散的，沒有哪一個是大起飛。」

不過，讓黃日燦在台灣闖下訴訟的江湖地位，則是他代表法商馬特拉公司打贏與台北捷運局的訴訟案，讓他一戰成名。

代表馬特拉公司，打贏台北捷運局訴訟案

眾達剛開始原本只做公司業務，不管是投資、併購或是創投，都是跟企業的商務有關，不做訴訟的原因是台灣的訴訟都賺不到錢，但後來黃日燦發現其實跨國訴訟的好處是，不管是訴訟或是仲裁都可以打很久，可以為公司帶來較多的利潤。正好當時碰上捷運糾紛頻傳之時，台北捷運總顧問公司來找黃日燦，總顧問公司是由美國最大的工程公司美國貝泰集團（Bechtel Corporation），以及Kaiser Engineers International和柏誠集團（Parsons Brinckerhoff）三家工程公司合資，其中來自紐約的柏誠集團，其高層因為黃日燦在美國執業時就認識，因此請他代表台北捷運總顧問公司與台北捷運局打官司。

這場官司起因於合約糾紛，因為工程改來改去，最後改出一堆問題，台北捷運局怪總顧問公司沒做好，總顧問公司則說不是他們沒做好，是捷運局改來改去，顧問的工作增加，當然要追加費用，因此產生許多糾紛。一開始大家還可以談一談解決，後來糾紛愈來愈多，就非打官司不可。

柏誠集團來找黃日燦時，台北眾達還沒有做過訴訟案，但黃日燦對他們說：「You know what? I don't know how to do it yet, but I know I can help you.（你知道嗎？我還不知道怎麼做，不過我知道我可以幫你。）」他簡單幫他們分析了一下，告訴他們這不只是法律問題，打蛇要打七寸。

不過，黃日燦這句 You know what? I don't know how to do it yet, but I know I can help you. 名言，卻驚動總顧問另一家工程公司，美國貝泰集團公司法務長專程飛來台灣，親自面試他，這位法務長覺得這句話太荒謬，既然黃日燦不知道如何做，為什麼說他還可以幫忙，因此決定親自飛來見他。但事實上，黃日燦在跟貝泰總顧問見面前已經做好充分準備，知道該如何打這場仗，面試結果，那位法務長很滿意，發現原來黃日燦那句話過謙了。

接下案子之後，因為之前未做過訴訟案，黃日燦趕緊招兵買馬，聘請訴訟律師，結果打贏了這場訴訟。打贏的關鍵是黃日燦向來強調先認清事實，再談法律問題。當大家都糾結在各項法條而動彈不得時，他先認事，把合約的事實內容搞清楚，關於工程是否有追加，如果有追加的事實，接下來就要看合約內容是否有談到追加的工程需要加錢及賠償，也就是先把事實攤開來看，再談法律問題，如此就很容易解套了。果然，原本理還亂的一團糾紛，因為大家都在談法，沒有去釐清事實這件事，最後黃日燦幫捷運總顧問公司平反了。

捷運總顧問官司打得有聲有色，法商馬特拉公司也因為與台北捷運局打官司纏鬥十多年，最後彈盡糧絕，也找上門來，希望黃日燦能接下這個案子。馬特拉公司是先打仲裁，本來是贏的，但是被對方告仲裁無效，又變成到法院，幾年來，一下子輸，一下子贏，到最後上訴最高法院兩次又被打回，如果再次打輸就回不去了。因為原本委託的律師事務所搞不定這個官司，其他律師事務所也不敢接，認為不會贏。就算敢接，又多是英文合約文件，再厲害的訴訟律師，光是要看懂這些英文合約卷宗就是一大問題，所以才來找黃日燦幫忙。

從事實著手，找出對方攻防破綻

由於官司打了很久，對方表示消滅時效已經過了。所謂消滅時效指的是，如果你有權利請求賠償，這個權利假如你不行使，經過一段時間就失效了，對方就抓住這一點，指出馬特拉公司是有權卻沒有行使，結果公說公有理，婆說婆有理，吵得法官也聽不清楚所以然。最後黃日燦幫馬特拉公司打贏的關鍵在於，黃日燦讓團隊做了一張 T 字型的圖表，一邊是馬特拉公司，另一邊是台北捷運局，把這些年來彼此的糾紛從一開始一路記錄下來，發生了哪些事、做了哪些事，馬特拉什麼時候第一次請求，對方怎樣回應，後續又怎樣發展，一連串過程整理清楚。

開庭時，眾達的律師將這張圖表打開給大家看，代表馬特拉公司說：「請問法官，我們什麼時候睡覺？」因為消滅時效是你有權利不行使，法律上稱之為權利上的睡眠，也就是你有權利卻睡覺，過了時間，對方就不理你了。而馬特拉公司一定要有十五年的時間在睡覺，也就是權利上的睡眠者必須要有睡眠的事實，才能被對方指出「有權卻沒行使。」而這張圖表簡單明瞭地告訴法官，過去這些年來，馬特拉公司並沒有睡覺，台北捷運局也沒有，兩邊都沒有在睡覺。

眾達律師跟法官說：「不管法律怎麼解釋，馬特拉事實上都沒有睡覺十五年，假如有這樣的法律解釋，這法律解釋一定有地方是錯的，我沒有睡覺，你假如要判我輸，你要跟我講，我從哪個時刻開始睡覺到哪個時刻？報告法官，你寫得出來嗎？」結果，從捷運總顧問案到馬特拉案，這兩場對台灣相當重要的大案子，眾達都打贏官司，而且贏得很漂亮。

黃日燦說：「這就是認事用法，一定要先認明事實，才能使用適當法律；如果事情都沒認清楚，兩邊談法談半天，到底是一隻狗，還是一隻狼，兩個人都用形容詞講，用寫的看不清楚，把三張照片擺出來就看清楚了。」他的創新方式讓大家傻眼，也無法反駁，就這樣打贏了官司。

「這就是台灣法律的盲點，台灣律師的盲點，常常在法律上搞，我是從事實上去釐清。」黃日燦強調，打官司最重要的是，讓法官聽進去你的論證，讓法官注意到你。如果你翻閱前面訴訟卷宗的紀錄，連你自己都看得又煩又不清楚，更何況是法官。所以你一定要用一個簡單明瞭的方式，提醒法官，明明馬特拉公司很努力，怎麼莫名其妙打這麼久，最後輸在消滅時效上？「所以我說這是 most ridiculous（最荒謬的），一定有一個 most obvious（最清楚的）方法，讓法官看到這個事實。」

成就大家，而非一個人的武林

黃日燦贏得這場官司還有一個很重要的原因，那就是他帶隊很強調兵團，拒絕只是他一人做大俠。他看到台灣很多的訴訟律師就像大俠一樣，非常厲害，這些大俠手下都有

三、四個助理，等到助理學得差不多了，就離開出去變成小俠，然後這些大俠又再重新換助理，導致大俠都很厲害，給他一個案子他可以打得很漂亮，給他兩個他也還是很厲害，但是給他三個以上他就開始有點吃力，究其原因，就是因為大俠很少教底下的人如何挑大梁，所以大俠的人手永遠都不夠。

但是黃日燦創辦台北眾達，一開始就強調大家是羅馬兵團，出去打仗整齊劃一，誰上場都很厲害。他說：「台灣的律師要能夠帶著台灣的企業往世界各地的話，不是只有一個人強就行，要有團隊。」

另一方面，黃日燦希望將來把事務所做大、做強，就需要更多人才，因此，在執業時，他給團隊的訓練是，首先要認清事實，把事情全部搞清楚再來看法律如何適用。例如，做公司併購時，盡職調查要做得好，是非常花力氣的事情，需要團隊來配合。其次，認清事實後，如何用法？不管是誰上場，法律的分析一定要到位，不可以因為誰比較有經驗就勝任，誰比較沒經驗就做不好，導致事務所的執業品質不均。所以在搜尋法律時，他會讓團隊分成正反兩方去辯論，「自己講的道理，不只是自己覺得很有道理，連對方都覺得很有道理，這樣才有勝算。」黃日燦說最後才是如何讓法官聽得進去。

「眾達就是靠團隊建立起來的，他們每個人自己也有感覺，」這也是為何眾達的團隊一開始出去打官司，碰到其他大律師對陣，都毫不遜色，甚至還更占上風。眾達台北事務所最多時大概有四十幾位律師，但別人都以為他們有上百位律師，因為他們承接的案子很多，而且都做得漂亮，關鍵就在團隊力。

有了台北捷運總顧問案及馬特拉案的成功訴訟經驗，大家才發現，原來黃日燦不僅做併購厲害，也非常擅長操盤訴訟案，甚至到後來，只要上媒體頭版的訴訟糾紛，他就會接到電話，希望委託他去打官司。而黃日燦給眾達的定位就是，大併購一定要找眾達，生死存亡一定要找眾達，從來沒有人做過的官司一定也要找眾達。

前進中國大陸，為法界奠基

一九九九年，黃日燦在上海成立眾達法律事務所分所，舉辦開幕酒會時，驚動了上海市長及其他高管，甚至司法部的高層都特地從北京飛來參加。

眾達雖然是上海第一個拿到執照的美國律師事務所，但是其他外國律師事務所也蜂擁而至，為了打響名號，黃日燦別出心裁，當時上海博物館開館，他因為認識館長，特地跟館長商借場地，希望讓眾達在此舉辦酒會。

這個構想來自於國外博物館經常出借場地，用來舉辦開幕酒會以及各種慈善晚會活動，甚至還安排導覽人員帶領客人遊逛博物館，讓整個活動變得高雅有氣質，加上他的妻子汪詠雪長年在台北故宮擔任義工，他對博物館有更深刻的了解。

上海博物館館長聽了黃日燦的創意，表示從來沒想過可以在博物館辦活動，願意一試。結果眾達的開幕酒會驚艷了許多人，眾達的名字也一炮而紅，後來大陸很多律師事務所也都用眾達的「達」字來命名，從此許多外國公司及律師事務所都搶著在博物館舉辦活動，「博物館後來也讓別人來租用，在裡面舉辦各種活動。」黃日燦笑說。

亞洲市場崛起後，黃日燦一直認為中國市場大有可為。早在一九七八年，大陸改革開放，頒布中外合資經營企業法之後，他躬逢其盛，親身參與，親眼看著一個國家從沒有法律，什麼都不懂，也沒有經驗，後來像海綿一樣吸收，但建立一套法制之後，又發現要招商引資，卻沒有律師，如何吸引外資？

當時中國國際貿易促進委員會是和外商打交道的主要對口單位，底下設有一個法律服務處，首任處長任建新，後來做到最高人民法院院長、全國政協副主席，黃日燦都稱他為任老。當時黃日燦與其他外商向任老提議：「你們要有律師，沒有律師很多事很難做。」後來這些跟外資經常接觸的單位開始有人負責合約事務，變成一個法律部門，成為當時全中國最懂外商相關法律的一群人，這些人出去可以當律師，但是這個單位的法律部門就沒有人了。

結果，演變成白天這些人是幫貿促會或其他單位做事，晚上出去兼差當律師，換言之，這些人白天代表中國政府，晚上代表外商，「我們說這樣可以嗎？這是利害衝突耶！但他們說不會有利害衝突，中國的法制就是這樣一點一滴搞起來的。」

後來中國的大學也開始設法律系，也有些人就離開單位，下崗出來設立法律事務所，其中，一九八九年設立的君合律師事務所是目前中國大陸最大的事務所之一，君合由五位創辦人成立，「這五個人有三、四個都跟我有關係，」黃日燦表示，因為他們是第一批到哈佛法學院當訪問學人的人，當時黃日燦還在哈佛念書，發現他們同樣是修課一年，卻沒有學位，只因為是訪問學人，結果經由黃日燦幫他們向法學院辦公室爭取，每個人因此順利拿到碩士學位，後來回到中國，哈佛學位對他們職涯幫助很大，大家都對黃日燦很感激。

大陸第一代律師事務所很多都和黃日燦有淵源，後來黃日燦在大陸開眾達分所，也寫了不少推薦信，幫助當地法律系畢業生到美國念研究所，等他們學成歸國，黃日燦又鼓勵他們成立律師事務所，或是推薦他們到不錯的事務所工作，大陸的律師行業的成長茁壯，黃日燦可說功不可沒。

他在大陸市場打天下，幫了這些人，但未來可能會成為他的競爭對手，為什麼他還願意熱心幫忙？因為他認為，不管這些人將來是敵是友，結善緣總比都不認識好。

中國崛起，專注經營台灣

一九九三年，中國正式實施律師法，包括律師如何取得資格、律師事務所如何開設，外國律師事務所如何進駐等等。一九九〇年代末，一些外國律師事務所很早就衝去設點，但是因為早年在中國開設事務所很貴，大家都在五星級飯店裡租房間，美國高特兄弟律師事務所也是。

黃日燦返台經營眾達台北時，原本打算只以台北及香港做為基地就好，因為業務到處都有，不一定要設在北京或是上海，一直到一九九九年，中國允許外國律師事務所在上海開所，成為繼北京之後，第二個開放的城市，他覺得機會到了，因為上海的民間企業多，而當時眾達原先經營的都是國營企業或是政府部門，但是新興企業都在民間，黃日燦決定前往上海開設分所。

但要在上海開分所相當不容易，其他外國律師事務所都已經先在北京開設事務所，才來申請，與官方已經建立數年交情，還得常常響應支持他們的活動，才會給你一張執照，如果黃日燦跟他們一樣拿號碼排隊，只能排在後面，不知道哪天才能拿到執照，他決定超前部署。

黃日燦透過眾達的全球系統，整理了十七個國家對外國律師的管理辦法，從法律規定到相關文件，每個國家的法律整理得一清二楚，整整兩大冊，再做成五套，送給中國主管全國律師行政的司法部長，提供給他參考，告訴他如何從基礎上去制定法規，同時將心比心，幫他出主意，訂立法規要從簡單的開始，再慢慢加強，如果一開始就訂立過於詳細的法規，最後要改成簡單會很不容易。

正是因為靠這個聰明靈活的辦法，黃日燦一年後就拿到執照，而且是上海第一張發給美國律所的外國律師事務所執照，把其他美國律師事務所的人嚇了一大跳，以為黃日燦靠關係優先拿到執照，「其實就是靠知識。」他說。

幾年後，中國司法部再開放外國律師事務所可在第二個城市進駐，這次是司法部主動打電話給黃日燦，歡迎他到北京設分所，請他準備好申請文件。當時黃日燦人在日本，接到電話嚇了一大跳，因為到北京開分所不在他的計畫中，但是對方表示，其他人申請的文件都拖在那裡，還未批准，就是等他的申請函送來，可見黃日燦在上海經營得非常成功。

黃日燦把上海與北京兩個分所當一個所來管理，整合成實力陣容堅強的團隊，目標是爭取外國律師事務所變成中國的國內律師事務所。這是因為中國在二〇〇一年加入WTO之後，原本分崩離析的國內商品市場逐漸轉變成統一的大中國市場，對中國的國內經濟會產生很大改變。而除了加入WTO外，美國的貿易最惠國待遇本來對中國是每年都要審核一次，二〇〇〇年之後改為永久最惠國待遇，對於中國經濟不啻是如虎添翼，更多的外資就更願意到中國來投資，因為關稅都是優惠的，「所以加入WTO，以及美國最惠國待遇從逐年改成永久，這兩個其實是促進中國三十年經濟發展最大的力量、最關鍵的兩個因素。」黃日燦說。

於此之故，中國企業也必須做大、做強，才能跟外資競爭，走到國際上去。所以從二〇〇一年開始，中國企業為了更強，開始透過快速併購做大，但因為是國內法，外國律師事務所無法參與，只有中國本土律師事務所才能做。美國執業經驗讓黃日燦看得很清楚，美國主流律師事務所都是在做美國本土的業務，國際律師事務所雖然可以在國際做五花八門又有趣的事，但是業務量有限，真正的戰場還是在本土；同樣地，未來中國市場也會跟美國一樣，主要市場都在國內，只有讓眾達變成中國國內的律師事務所，才能跟中國其他本土的律師事務所搶食大餅。

「如果我們搶進去了，我們剛開始可能是前五大，後來競爭者變多，可能是前十大，就算是前三十大，我們都很有搞頭啊，我們身為前十大或前三十大，加上我們有國際經驗，那就不得了了。」原本，黃日燦在中國將事業做得風生水起，幾乎就要將眾達變成中國最大的國內律師事務所之一，而中國在加入WTO時，也考慮開放外國律師事務所變成中國國內律師事務所，後來卻沒落實，他準備了那麼多年，更培育了不少中國當地人才，卻還是功虧一簣。

功虧一簣的原因是，二〇〇〇年以後，果然如黃日燦所見，最大的業務成長都在中國國內，中國大陸的國內律師事務所為了和國際事務所競爭，也開始精進，尤其他們都是開創事業的律師，缺乏執業經驗，所以在人力招募上，就先挖角海歸派的人才，但是海歸派的人才有限，再來就挖角國際律師事務所的人才，而眾達首當其衝。因為當時黃日燦為了要變成中國國內事務所，用了許多中國律師人才，那些既能講中文，又有國際律師事務所經驗，就成為最好的目標，連他自己也被多次挖角。「他們每個所都挖過我，只是那時我很執著地要替眾達插旗全世界，我一直有這個重責大任在自己腦海裡，否則我可能跳槽變成中國一霸的律師事務所所長。」

果然，中國國內的律師事務所開始壯大，被挖角過去的人就算之後水土不服退出，也提升了這些中國律師事務所的執業水平，把原本外國律師事務所在中國大陸蓬勃發展的商務交易，尤其是中國國內的資本市場 A 股及併購都搶走，「那時我已經看得很清楚，時不我予，大陸市場不會開放給我們，這些人甜頭都嘗了，怎麼會開放給你。」黃日燦遺憾地說。

再加上投資銀行也有許多海歸派的人，這些人對於吸收新知和了解世界求知若渴，使得他們快馬加鞭地成長，也加快了整個中國大陸的企業界發展速度，無論是國企或是民營企業在短時間內都做大、做強，並且邁向海外。

黃日燦還記得有一次他受邀演講海外併購經驗，一百五十幾家中央國企都是董事長與總經理親自參加，到了中午他連飯都吃不上，因為大家一直來跟他換名片，請教他事情，熱心提問，這是他在台灣少見的，他們想變強的決心可見一斑。

既然戰役已經輸了，中國的競爭對手也開始崛起，黃日燦決定改變策略，不再跟中國的事務所搶零頭生意，而是回過身來更專注在台灣市場。

第十五章　台灣併購風潮的推手：

以國際視野，為企業升級與轉型找路

「升級跟轉型其實雙手雙腳都要用，
雙腳就是自我成長的右腳和外部併購的左腳，
雙手就是鈔票跟股票，這樣企業才會較快速升級轉型。」

——黃日燦

二〇〇〇年以前，黃日燦幾乎是躲著媒體，一方面他忙著衝業務，沒時間與媒體打交道；另一方面，他做的是高端客戶，只要經營好金字塔頂端二〇%的企業就好，不需要倚賴媒體幫他宣傳，所以媒體對黃日燦也了解不深。

一九九〇年代，黃日燦唯一上媒體新聞就是當時裕隆集團的中華汽車及匯豐汽車組了一個高管團到奧地利旅遊，在當地用花旗的大來卡購買金額較高的商品，結果被人當做詐騙集團，甚至脫衣搜身檢查，回台後事情鬧得沸沸揚揚，當時旅行社及社運團體抗議花旗銀行只會賺錢，沒有妥善處理這件事。後來吳舜文知道後，對黃日燦說：「你去解決一下吧。」黃日燦與當時花旗銀行的台灣總裁會談時，對方表示，花旗的卡是好卡，別人把它當做不好的卡，他們也沒辦法。

一九九〇年代，雖然沒有像現在只要刷一定金額就會傳簡訊到手機，但是當時有國際電話，他們打了國際電話給花旗銀行，而花旗並沒有馬上處理，總不能說這一切都跟花旗沒關係。黃日燦後來更直截了當地跟花旗說：「我今天來也不是要跟你開辯論會，我也知道你有你的角度，但是這些人也有他們的角度，外面那些人（媒體）更有他們的角度，」表示待會出去，媒體一定會圍堵他，如果他講了什麼，對花旗也有影響，事情如果愈鬧愈大，對花旗一點好處都沒有，還不如現在就快刀斬亂麻，他開一個數字，由花旗賠償。這些賠償金額他們會捐出做慈善，這樣事情就解決了，花旗也有面子，甚至捐款時還可以邀請花旗來共襄盛舉，這件風波也因此平息。

花旗本來覺得黃日燦談判太硬氣，黃日燦說，牌在他手上，他怎麼打都可以，因為這起風波天天上報，等於幫裕隆的中華汽車做免費宣傳，一點壞處都沒有，反而對花旗形象有損。所以，他不是硬氣，而是真正想為雙方設法早日解決爭端。結果，花旗想通了，馬上就接受這項和解，簽下和解書。

後來一家媒體拍到黃日燦從花旗銀行走出來的相片，並在報導裡指出，黃大律師避不出面，許多人都想知道他究竟如何說服花旗銀行高層。這是二〇〇〇年以前，黃日燦唯一被媒體報導的一次。而媒體報導後的兩、三天，黃日燦某日穿著短褲到住家附近照相館去拿家裡出遊的相片，照相館老闆看到他說：「你那天有上電視喔？」這句話把他嚇了一大跳，心想媒體的力量真可怕，他不過是被拍到一張照片而已，從此，他就更不喜歡上電視了。

二〇〇〇年以後，黃日燦開始把重心放回台灣，鼓勵台灣企業藉由併購升級轉型；同時也開始接受邀請，為《經濟日報》寫專欄，每週一篇談科技與法律，以及重要的併購實例，甚至還幫《經濟日報》訪問台灣各大企業領袖，分享他們經營事業的心路歷程，這些文章後來還集結成書，受到許多法律人及企業人的歡迎，即使不懂法律的人，也都看得津津有味，收穫頗多。

黃日燦寫併購案例，從來都不引用法條，而是執簡馭繁，深入淺出，這都歸因於他從小博覽群書，持續累積文字功力，加上他追求完美的個性，即使只是一篇千字稿件，他都會改稿四次，盡量讓句子更簡單，不咬文嚼字，免得讀者看不懂，也沒興趣看。

陳泰明形容黃日燦的文字「力透紙背」，透露他追求完美的認真個性，而黃日燦無論是草擬法律文件或是寫稿，長年都是用鉛筆寫成，他這樣解釋自己的這個習慣：「我用鉛筆文思泉湧，原子筆就沒有。」

被黃日燦寫進案例裡的企業老闆看了最有感，因為他句句箴言，卻又點到為止。有一次，一位企業老闆找他去，臉色凝重地問他：「你怎麼知道那麼多我們公司的事？你跟誰談的？」黃日燦說：「沒有啊，我完全根據公開資訊，還有我的判斷。」企業老闆又問：「那你覺得我們下一步該怎麼走？」由此可見，他在企業主的心目中，早已經不只是律師，而是能提供策略的軍師。

十六天完成台灣奇摩站與美國雅虎併購案

二〇〇〇年，黃日燦主導台灣奇摩站與美國雅虎的跨國併購交易，成功讓台灣企業站上世界舞台，也讓他聲名大噪。

當時台灣奇摩站是中文入口網站第一，雅虎則是英文入口網站全世界第一，雅虎一直想做中文網站，但是怎麼做都是老六、老七，搶不進中文入口網站前茅，而奇摩站本來要到美國納斯達克上市，籌募資金，結果碰上二〇〇〇年網路泡沫，納斯達克可能隨時崩盤。黃日燦因為跟精誠資訊董事長，也是奇摩站的董事長黃宗仁熟識，兩人討論後，一致認為海嘯來時要找高個子同伴才不會被淹沒，所以應該要和雅虎合作。

奇摩站與雅虎雙方原則同意後，一開始兩邊公司的財務長在換股比例上一直談不攏，最後還是黃日燦極力主張黃宗仁與楊致遠兩位老闆直接會面談，否則底下的人搞了半天，如果下週崩盤，就沒戲了。果然，兩大高層會面，只要微調一下數字就達成協議了，當時雅虎的律師表示，起草英文文件需要兩週時間，黃日燦當下立即表示：「兩週實在太冒險，因為我們永遠都不知道天什麼時候塌下來。現在正處於非常時期，根據慣例，應該是由你們買方來起草合約文件，但是如果你們允許，由我們來擬定，明天我就可以給你。」

多年華爾街律師事務所的訓練，讓黃日燦對風險非常敏感。事實上，在黃日燦跟對方說，他可以明天幫大家擬定草約時，會談前他就料到，若由對方律師寫草約，一定是先去找美國律師協助，最後才能交出草約，但股市瞬息萬變，他從不冒險，在會談前就事先準備好草約，才能在會談後隔天就交出。

結果，一場跨國併購交易，在黃日燦主導下，十六天就簽約完成，雅虎成為第一大中文網站，而奇摩站不僅存活下來，而且穩居大中華區龍頭，所有高階主管都從台灣躍升為大中華高管，股東也換來滿手雅虎值錢的股票。

做事不只準時，而是提早，讓日本人成為死忠客戶

黃日燦會受到客戶及企業主的尊重，除了他傑出的專業與豐富的產業知識外，他的做事方式也令人佩服。

黃日燦做事無論大小，從來不拖延，總認為遲早要準備的東西，為什麼昨天不開始準備。如果答應明天給對方東西，他一定準確言明幾點交出。即使是收到一個訊息，他也說：「遲早要回的東西，我一定馬上回；即使你送一個文件，要麻煩我看一下，雖然我後天才有時間看，但我不會置之不理，我一定馬上回說：『Got it! May not be able to reply until the day after tomorrow.（收到，可能後天回覆你）』對方就知道這是後天的事，而不會空等。否則對方會不斷想，你是否看到了？什麼時候會回覆我？一肚子疑問，最後，人家催你，你才答。我不會幹這種事。這是時間管理。」這就是為什麼黃日燦的日本客戶非常喜歡他。

例如，有一次黃日燦和日本人談事情，對方傳來 email 列了幾點疑惑，希望他協助解答，結果，這位日本人去洗手間回來，黃日燦已經把這些答案都寫好，回覆到他的電腦裡，讓對方大吃一驚，佩服地說：「This guy is amazing.（這傢伙真是驚人）」從此，別的

事務所就算提供更便宜的收費，都拉不走這個日本客戶。

黃日燦深知，站在客戶的立場，所有的律師看起來都很棒，每個律師也都說自己做得很好，最後客戶為什麼要用這位律師？既然大家專業都差不多棒，「要讓人家完全可以感受到你的不同，就在你的即時反應能力。」他所謂的「即時」並非 on time，而是「提早」，在別人完全沒預料到時，就已經做好了。這個「做好」，不見得一定要百分之百，即使只是完成八五%，也已經夠了，因為對方了解大概之後，就可以先去跟他的高層報告；如果需要細節，就再進一步補充就好。「這是判斷，他需要更多，他會講，你再給就好，這些都是人情世故。」

也因為不拖延，所以黃日燦養成不時看一下手機的習慣，常被妻子念，但黃日燦說：「我很難忍受一個人給我一個訊息，希望我做什麼，尤其是跟我職業有關的，而我卻超過一個鐘頭，連看都沒看，也不知道發生了什麼事。」

唯一能和企業家談商業策略的律師

雅虎奇摩站購併案一戰成名後，媒體開始稱黃日燦為併購大師，黃日燦帶領眾達團隊不只做跨國併購，也做國內併購，後來重大的國內併購案件也常交給眾達，眾達也從當初剛成立，人才招募困難，一躍成為台灣各大專院校法律系畢業生的熱門選擇。

一九九三年加入眾達，與黃日燦共事長達三十多年的眾達資深顧問陳泰明，是台北眾達的第三位元老級員工。陳泰明至今依然清晰記得，當時他剛從美國拿到律師資格返台求職，到位於台北市敦化南路上的裕隆大樓的眾達國際法律事務所應徵，與當時的所長黃日燦面試的情景。

那天兩位美國籍的助理律師帶著他走進黃日燦的辦公室，當時才四十出頭的黃日燦，穿著吊帶褲坐在煙霧繚繞的大辦公桌後面，帶著犀利的眼神抬起頭直視陳泰明，氣質不怒而威，彷彿電影「華爾街」場景再現。陳泰明對這位日後成為他主管的第一印象就是：「精明。」在此之前，陳泰明從未聽過黃日燦的名字，由於早年台灣的律師事務所處理的事務，多半是商業上合約的討論，偶爾有商務上的投資合約，但是併購合約很罕見，更遑論專做併購的律師。「以前做併購律師屈指可數，那時還有一個客戶看到我的執業專長是M&A，問我：『什麼是M&A（併購）？麥當勞嗎？』」

陳泰明指出，眾達很多精采的併購案，從裕隆、裕日的日產分割案、開發金對金鼎的公開收購、代表矽品應對日月光併購、美光併購華亞及日本爾必達、艾司摩爾（ASML）

併購漢微科等，這些高達千億元的併購案都是黃日燦帶著他們進行的。也因此，繼併購大師的聲譽後，黃日燦也被媒體稱為「千億大律師」。

「他是那個年代，唯一可以和老闆談商業策略的律師，」陳泰明表示，很多律師只是協助角色，最多是軍師，整個商業本事還是在客戶自己，但黃日燦不同，他幾乎是跟客戶一起討論案子，一起做決策，企業主甚至需要他的意見，而且占比很重。

這是因為很多律師不在那個產業，沒有從頭到尾來看那樁商業交易，但是黃日燦各方面都經驗豐富，尤其早年他在美國，很多台灣企業到美國發展都希望找同鄉幫忙，他又是美國大律師事務所唯一的華人律師，因緣際會下，很年輕就開始接觸這些企業主，開啟他的商業視野。三十歲他就開始學大老闆如何思考事情，因為這些大老闆和黃日燦交談時，都會分享他們怎麼想事情，聰明如他，很快就學習起來。

「所以嚴凱泰為什麼覺得黃日燦很不一樣，因為黃律師給他的分析都是商業策略，他不只是律師角色，對嚴凱泰來說，等於是 live 的 MBA，不用進校園就可以幫你上管理課。」陳泰明說，律師很容易先入為主，總是從法律來幫你處理事，這是職業病，但黃日燦是先了解對方在商業上的動機、目的，而不是用法律看事情，企業主更想要的是決策諮詢，不是法律諮詢。「在做這些商業交易時，很多大老闆都會說：『我想聽聽 Jack 怎麼講？』」

台積電創辦人張忠謀曾表示，台積電創立初期，黃日燦不僅擔任外部法律顧問，提供台積電多項法律服務，協助處理合約，更提供董事會諮詢意見，並且在台積電上市的過程中盡了許多心力。前精誠資訊董事長黃宗仁，更稱讚黃日燦是具備台灣律師少有的國際宏觀與視野。

透過併購借力使力，快速升級與轉型

眾達從成立一路到二〇〇〇年，一開始做企業交易，後來也把訴訟這塊打開，而且不是傳統訴訟，而是國際性或是大型訴訟，例如，做過金額達二、三十億元的台灣最大智財權訴訟，也做過七十幾億元的仲裁糾紛和跨國的商業保險糾紛等等。其中，在併購這一塊，陳泰明說，黃日燦不僅是參與，更是推手。他是最早喊出：「藉由企業併購來達到轉型升級，帶進整個國際視野，讓 legal practice（法律執業）更上一層樓。」

尤其是觀念的扭轉，黃日燦擁有華爾街經驗，經歷美國八〇年代併購潮，返台時當然希望貢獻所學，但是早期很多老闆都認為併購是風險，甚至排斥，與其將一個不是你的買過來，不如把錢拿來蓋廠，做有機成長。但是隨著世界商業競爭腳步愈來愈快，時間就是競爭利器，別人透過併購，一年就可以生產，如果台灣企業還停留在從零到有，可能要花五年，跟別人就差距了四年，如何競爭？

交友廣闊的黃日燦，不斷和身邊的大老闆們分享國外併購經驗，他最喜歡講的一句話就是：「升級跟轉型其實雙手雙腳都要用，雙腳就是自我成長的右腳和外部併購的左腳，雙手就是鈔票跟股票，無所不用其極，這樣企業才會快速升級轉型，也比較有成就。」

緯創集團董事長林憲銘表示，以前大家比較不會考慮併購，但黃日燦一直提醒企業主，當左腳正好可以出腳時，就要善用左腳，不要一直以為左腳是無法使用的，這是多年來黃日燦一直努力給台灣人的概念。

併購當然有風險，黃日燦說：「事情順利就是併購，就是 happy ending；不順時就是怨偶，可能變成訴訟，一體兩面。」但他也強調，透過好的律師、投資團隊、財務顧問及會計師，就能將風險盡量降到最低，這些都是可以做到，國外的實例就是最好的參考。

成為台灣律師人才的搖籃

黃日燦既是優秀的商務律師，也擅長解決糾紛。他不只專精併購，但併購是他的最愛，因為併購是最複雜的交易，「其他資本市場某種程度上像高級代書，要具備什麼樣的文件，要符合什麼樣的資格，你就像一個 check list，一直 go 就有了，大家都差不多，但是併購很人性化，不同的人有不同的考量。」這也是黃日燦在華爾街鍛鍊出最多實力的地方。

因為堅持了十年，企業界逐漸知道併購是一條可行的成長路徑，也知道好的法律服務可以協助企業降低併購風險，陳泰明說：「這一點，黃律師功不可沒，」黃日燦也不斷進化、優化，把美國併購觀念帶進來，本土化之後，無論是人才或是服務樣態，都走出新的領域。

二〇〇〇年以後，台灣企業的併購熱潮大爆發，尤其二〇〇二年，台灣第一部企業併購法出爐，正式進入併購年代，陳泰明說：「整個風潮，黃律師某種程度上，是風口浪尖上的領先者。」也因此，二〇〇九年，黃日燦被《亞洲法律雜誌》（*Asian Legal Business*）選為「全亞洲頂尖25位併購律師」之一，是台灣唯一獲選者。而台灣的併購協會歷年頒發併購卓越成就獎，受獎者都是企業家，如蔡明忠、張安平、盧明光、苗豐強等，只有黃日燦是唯一一位非企業家。

另一方面，陳泰明也指出，過去台灣律師事務所並沒有將併購列為主要執業之一，多半都是商業上的協商討論、經銷合約、代理合約，或是偶爾商務投資，併購合約很罕見，但是在黃日燦的帶動下，從二〇〇五年以後，台灣很多大型律師事務所也開始將企業併購列為主要執業之一，即使小事務所也做併購，其中很多都是當年黃日燦培育的子弟兵出去開枝散葉。

黃日燦不僅把併購變成顯學，也讓台灣人了解，不是任何疑難雜症找律師就好了，律師也有分專業，企業要併購就應該找併購專業的律師，這就是為什麼黃日燦剛返台時，看到台灣企業很排斥併購，仍然堅持走這條路，因為他早已看到未來的需求。

只是為了不先餓死在路上，眾達起先做的併購案，不是台灣企業到國外併購，就是國外企業來台併購，雖然量少，但市場也慢慢起來，「那時很多人認識眾達，就是那個專門做M&A的律師事務所。」陳泰明說。

黃日燦在法律界不僅是一個引領風潮的拓荒者，過去這二、三十年來，台灣的幾個經典併購案都有黃日燦的身影，他更訓練出許多後來都能獨當一面的主持律師，整個亞洲的國際律師事務所裡，高達三十幾位所長都是從眾達出去的人才。這是因為黃日燦培育人才的啟蒙觀念，相當獨到，所以陳泰明說：「我們眾達是人才庫，你現在看市場上很多大型、中型，甚至小型事務所，都是眾達出去的，培育了不少併購律師，現在到處開併購課，已經成為大顯學了。」

第十六章　先天不良，後天失調：

大律師如何養成優秀律師

「沒有讀通法律的律師，比什麼都危險。」

——黃日燦

黃日燦是一個自我要求極高的人，他對培養人才非常嚴格，但也從不藏私。他剛返台時，大家都沒聽過眾達，優秀法律人才的第一選擇也不是眾達，他乾脆從一張白紙開始培養起，黃日燦說：「這方面我做得很徹底。」

法律只能解釋，不能改變事實

怎麼個徹底法？首先，關於律師的養成，黃日燦會先破解這些剛從法律系畢業的人的心態，他說：「出了校門就要一百分，因為沒有人要買不是一百分的東西。」之所以要有這個體認，是因為法律人在寫東西、分析事情時，不能說這件事情看起來是這樣，或是我以為是這樣，這些都要拿掉，也就是，不是就不是，不能有模稜兩可的態度，「養成盡己所知的心態，才會虛心，才開始教他方法。」

黃日燦告訴他們，律師這個行業是，先天不良，後天失調。原因是，再厲害的律師也沒辦法根據自己的需要另創一套法律。法律是國家的立法機關給的，而且不同國家的法律隨時都會變，如果律師要處理的事情涉及超過兩個以上的國家，每天都會有變化，永遠不曉得要煮的菜是什麼樣子。同樣的國家，去年才做過的案子，今年再做，也不能假設一年來都沒有變，所以是先天不良，「你只能盡量把它運用到最好，沒辦法創造出最好的法律來。」

一個好律師在理解這些先天不良的條件後，面對不完美的法律、不完美的資訊、不完美的想法，在解決客戶的問題時，就不會因為法律不完美，就將法律扭轉成自己的需求。就像是黃日燦處理馬特拉案子，明明馬特拉公司過去十五年都沒有睡覺，怎麼會說消滅時效已經過了，「法律只能解釋，或是給這些事實的後果，法律不能改變事實。」

所以黃日燦非常重視給新進律師正確的法律觀念，他說：「沒有讀通法律的律師，比什麼都危險。」尤其是律師的養成教育比較長，過去學校只教法律，後來比較新派的老師開始教認事用法。但是，大部分的老師一直在學術殿堂裡，對人世間的事情其實了解沒那麼深刻。

黃日燦看到很多年輕律師剛出道時，都是線性思維，開會時聽人家講這件事是這樣子，就以為是這樣子；如果另一個地方不對，又會說事情可能是那樣子。這時，黃日燦就會不耐煩地問：「到底是哪樣子？」因為事實只有一個，不會有兩套事實，最後還能解決問題。所以把話聽清楚很重要，因為律師要先了解事實，才有辦法幫客戶的忙。

眾達法律事務所的人跟黃日燦開會時，向來都戰戰兢兢，因為開完會，黃日燦會抽問：「剛才開了什麼會？你再講一遍。」大部分的人都講不清楚，但是黃日燦卻可以做到複述一遍，而且不必做筆記。這跟他從小處在吵雜環境，練就非常厲害的專注力有關。

他看到很多人開會時雖然有做筆記，但是聽到精采處，往往忘了記下來，不然就是只記錄下精采的事情，最後變成以偏概全。黃日燦開會的順序是，先專注聽不同的人在講什麼，同時想辦法在不同人的敘述中，找出真正的事實是什麼。

所以即使開會大家做了筆記，也把重點都抓住，黃日燦會接著問：「你覺得問題在哪裡？」大部分人第一反應會引述客戶講的問題，他就會反駁，這是客戶認為的問題，真正的癥結是這個嗎？如果沒有根據，只是人云亦云，官司永遠都打不完。

黃日燦教子弟兵的第一個方法，就是認事用法。他說，事情認清楚了，法大概就找得到。雖然功力有高低，至少大方向錯不了；如果事實沒認清楚，可能南轅北轍，就會開始一連串的民法、刑法、公司法都來，打到最後，糾成一團，退都退不了，就算打完了官司，恩怨還在。

有一點是黃日燦做為律師很特別的地方，一般律師就是幫客戶打官司到底，但黃日燦卻認為，法律只是解決問題的眾多手法之一，其實也可以不要法律。

他經常在幫客戶認清事實之後，幫彼此解開誤會，而彼此各退一步後，事情就解決了。「所以我處理很多事情，弄清事實後，再分別溝通一下，雙方就發現，我們是在吵什麼？原來下面的人跟我報告的與真正情況是有出入的。」

事情解決了，自然不需要法律了，事務所的生意當然也沒了，所以眾達的律師有時跟黃日燦去見客戶，還會開玩笑叫他不要講太多，免得客戶的矛盾都被黃日燦初步溝通時解決了，就沒後續的生意可做了。

人情世故和專業，都要通透

黃日燦做律師接案子，從不會為了錢而黑白不分，他的原則很清楚，做人要有格局，做律師要有格調。黃日燦感嘆：「我們辛苦考上律師，難道就是為了要讓人家罵我們嗎？」既然先天不良，大家都認為律師不可靠，他就愈不去做不可靠的律師。

認事用法通透以後，他教子弟兵的第二個方法，就是對人情世故要通透，因為所有事情都是人情世故。美國大法官霍姆斯（Oliver Wendell Holmes, Jr.）在其著作《普通法》（*The Common Law*）有一句名言：「法律的生命從來都不只是邏輯，而向來是經驗。（The life of the law has not been logic; it has been experience.）」引述這句話的人是黃日燦的大學同學兼好友，他認為黃日燦在執業上優秀之處在於他懂人情世故，而不是死讀書。

假如沒有通透人情世故，也只是將枝節搞清楚，卻抓不到關鍵，還是沒用。而人情世故只能師傅引進門，因為每個人對人情世故歷練不同，也學不完，尤其律師這一行，進門後是師徒相傳，只能點一下，但怎麼想，卻是徒弟的事，但黃日燦認為只要有心學，就會愈來愈好。

對認事用法與人情世故通透後，接下來才是真正具體的手底功夫。首先，法律用字一定要很精準，尤其中文很籠統，常常一句話有三種不同解釋，所以精準很重要，才不會讓別人有不同想法。其次，除了精準掌握本國文字，面對跨國官司，如何訓練自己在不同語言下，出來的東西都一致？這又是黃日燦給年輕律師的訓練。

眾達的資深員工都知道，剛進來的新鮮人都得做一件事，就是翻譯。曾有高學歷碩士生不服氣地問黃日燦，他都來一年多了，為什麼還在做翻譯？黃日燦回答：「第一，我以前也是這樣做了一年多，而且還是手抄，你現在不用抄，翻譯完就有人幫你打字；第二，你不服氣大材小用我知道，但是到目前為止，你有哪一份是翻譯得完全正確？如果你連翻譯都不正確，以後人家要你寫一份英文文件會正確嗎？如果你每個地方都鬆鬆垮垮的，即使僥倖一下子爬到五樓，人家隔壁一挖，你就垮了。」黃日燦堅持根基打穩了，才讓新兵開始學習如何起草合約。當年黃日燦在美國，負責北美煤礦與家電併購案，三大會議桌上，每一份文件的串連，他都可以做到毫無贅言贅語，連逗點都沒得改，讓對方無法爭論。

他認為這些基本功需要三年的養成教育，從觀念的破除到掌握完整精準的文字及語言，都扎扎實實打下基礎，將來寫的東西就不會錯。

「前面三年是管好自己，跟別人配合，就能成為很好的三把手，既能把基本的東西抓得很精準，時間也能掌握得很好；假如你只想當三把手，三年後你從我這裡出去，別人會說你很好用。」但是，如果要再更上一層樓，那就是第四年及第五年的功夫，因為從第四年開始，就要開始管理自己與別人，要能把一個團隊帶領好。

「你要帶兵，就是分配工作，知道每個人的優缺點，不是自己很會打仗就好，」換言之，到了第四年已經升任為隊長了，要學習如何下判斷、發出指令，這就是二把手功夫。

進入第六、七年後，要學的則是人與人的關係，也就是經營客戶。因為到了第五年的境界，不只有你達到了，別人可能花了十年也達到二把手的功夫，「所以第六、七、八年以上都在學習怎麼讓客戶就是要找你。」到了這個境界，首先你抓重點就比別人快，第二你的回應也比別人快，別人只要跟你講一次，就會安心把事情交給你。

這裡有一個很重要的訓練，那就是即時反應，即使客戶不只有一個，也要做到讓對方覺得你把他的事當做第一要務，絕不會誤事。那要如何做到？

這些都是黃日燦在紐約工作時訓練出來的。那時他常講：「我以為我後天回答他（客戶）就好。」有些合夥人律師就提醒他：「你不能先跟他說 I got it. 嗎？有那麼困難嗎？你不講，他會知道你後天才回答他嗎？」從此，黃日燦養成即時反應的工作態度。他說：「你來找我，說下週給就可以，假如我明天就給你，你什麼感受？假如我做得到，為什麼不要？」大部分的人都說下禮拜交，然後接下來跟同事出去吃飯聊天，但如果這禮拜有空檔，為什麼不這禮拜交？

強將手下無弱兵

眾達律師在黃日燦嚴格的訓練下，經過這六、七年的磨練，強將手底下自然無弱兵，這就是為什麼他可以培養出三十多位主持律師的原因。與黃日燦共事超過三十年的陳泰明說，有些老闆對下屬要求嚴格，卻對自己很放任，但是黃日燦不會，他是身體力行、對自己要求特別高。三十年來，他不斷在進化，不斷嘗試各種挑戰，「你會覺得你一直在後面，希望達到他的標準，後來你才發現，他的標準沒有天花板。」陳泰明說。

尤其，陳泰明聽黃日燦分享在美國剛當律師時，為了跟上同事腳步，每天都會從檔案室裡拿卷宗帶回家讀，做為當天的功課，沒讀完絕對不休息，讓陳泰明非常佩服，因為當律師這一行，上班時看一堆文件就快累垮了，下班後只想躺平，更何況是在美國競爭激烈的律師行業，黃日燦竟然還能下班後繼續苦讀。

黃日燦最愛講一句話：「於不疑處有疑。」別人看的是案件的現象，呈現出來的結果，他則是探究什麼樣的人、事情、行為、動機，造成這樣的結果，認為從本質去推，就比較容易解題。

「大部分的人是用法律來了解你的企業，他是用企業的模式在了解你的企業，回來再告訴你哪些適合，以鳥瞰的方式在看案子，然後再翻過來看。」陳泰明說跟黃日燦學習，就要接受他不斷的挑戰，讓你知道自己的不足，還有哪些沒想到。

陳泰明經常跟著黃日燦與客戶開會，總會從旁觀察黃日燦如何跟客戶互動，包括為什麼他這樣講客戶很買單？為什麼可以講到客戶談完後心情輕鬆的出去？從言教到身教，經過七、八年以上的淬鍊，就發現自己出去的確不太一樣了，看東西可以更廣，接觸的案件類型也比較大。

黃日燦年輕時是急性子，早年常對同事說：「你今天忘了把腦袋帶出來了嗎？你沒帶腦袋沒關係，用膝蓋想就知道的事情，也不需要用到你的小腦啊。」這些話，眾達的資深律師到現在都記得，「我們這些離開或是還在事務所的人，一半的話題還是會聊到黃律師，因為大家從他身上接受到不同程度的淬鍊。」

黃日燦也自承年輕時脾氣不好、沒耐心，開除過很多人。他說：「能接受、體會我的指導就會變得很強，不能接受就覺得我太嚴厲；朋友也是，覺得我出口就像一把利劍，其實我不是那個意思，我只是腦筋快，直中要害。」當然，也有人受不了他心直口快的脾氣而離開，但離開之後到別的事務所，就發現自己在眾達學了一身本事，反而回過頭來感謝黃日燦。

第四部

創生：催生台灣產業創生平台，鼓勵老創新生

創生
開局
征途
起點

第十七章　遲來的中年危機：
不再繼續昨日之我，重造明日之我

「我年輕時就想，我應該要救國救民的，
就算做不了民族英雄，至少也要產生影響力，
而這個影響力，我希望它可長可久。」

——黃日燦

對於一個從小就求知若渴的小孩來說，從小到大，黃日燦的生活裡，從來沒有「無聊」或是「徬徨」這個字眼出現。從小學三年級開始，黃日燦就不跟家裡拿一毛錢，初中之後，從學費到生活費，全都靠他自己打工賺錢，他既要學習，又要顧好自己的肚子，成家之後，更要顧好全家溫飽，一路走來，每一分每一秒，他都沒有浪費過。

開始律師生涯後，他更從未停止學習腳步，只要有空檔，就抓緊時間大量閱讀檔案，努力跟上專業之餘，更主動要求兼顧其他業務，同一時間比別人學習更多新的專業。在主

持眾達大中華區業務及台北事務所時，他一方面開疆闢土，一方面培養專業人才，把併購經驗帶回台灣，協助中國建立法治制度，一旦人才培養起來，就立刻放手讓新人去做，自己繼續往前開拓新路，學習新事物，所以陳泰明讚嘆：「他沒有天花板，他只想要更好。」

這樣一個不斷自我要求、從不懈怠腳步的人，當別人進入中年，開始出現對未來徬徨的中年危機時，黃日燦依舊目標明確，腳步不停，但他自己沒想到的是，二〇一二年，也就是他六十歲的時候，卻迎來了人生中遲來的中年危機。

「過去我沒時間，也沒感覺有危機，因為我一直在做新的東西，從來不覺得很 routine，這是第一次覺得，我今天要做什麼？」表面上，他還是繼續主持律師事務所，照常開會，幫客戶解決問題，大家都看不出來他內心的苦悶。但他經常一大早起床，獨自背著球袋去打球，在球場上放空，或是一個人走走散散心，心裡卻很茫然。

做了一輩子的律師，當初他返台的宏願，不僅希望建立台灣最好的律師事務所，他還有一個更高瞻遠矚的計畫，就是讓眾達從國際律師事務所，朝全球律師事務所邁進。黃日燦感慨：「如果能做成的話，老實講，青史留名，因為這真的是商業模式的大翻盤，結果發現，原來是個幻影。」

世界各處挖掘人才，搶攻金字塔頂端客戶

那麼，國際律師事務所和全球律師事務所，兩者有何不同？

眾達原本是美國中西部律師事務所，因為美國大企業開始在全美拓展，眾達也跟著企業客戶移動，變成了全國性的律師事務所，在美國各州設分所，而隨著這些企業開始走到國際去發展，眾達也跟著變成國際事務所，但國際事務所大多只是事務所做的事情會牽涉到國外業務，所以叫做國際律師事務所，基本上還是屬於美國事務所，只是經常代表美國總部，幫這些客戶去處理牽涉到外國的事務。例如，代表美國總部做海外併購或是發行海外證券，以及代表外國公司到美國發行證券、進行併購投資或是其他商務交易等，這是大部分美國及華爾街律師事務所在做的事，主要還是依據美國法。

然而，一九九二年，歐盟成立，歐洲幾十個國家變成大歐盟，黃日燦看到了新機會。由於美國是一個大市場，萬事都是法，也願意花錢請律師，所以國內法律交易多，律師也多；歐盟之前，歐洲區分為英國市場、德國市場、法國市場，大家各自為政，律師事務所雖然多，規模卻不大。但歐盟起來後，就成為新的大市場，與此同時，大亞洲也崛起，尤其二〇〇〇年以後，亞洲境內的貿易活動已經超越過去亞洲跟外部的貿易，當地律師事務

所的業務也開始蓬勃發展，黃日燦認為眾達應該朝全球律師事務所邁進，也就是複製美國經驗，只要當地法律允許，在上海就做中國業務，在倫敦就做歐盟及英國業務，成為全歐洲的律師事務所，而不是在倫敦的分所只能代表英國企業到美國來，或是代表美國企業到英國去。

尤其，當時黃日燦在台灣，看到台灣、新加坡及日本企業進軍大陸，只會講英文的美國律師事務所，根本無法插手，如果不是因為他會講中文，這些企業寧願用本土律師事務所，也不會找眾達，這更加深他想要讓眾達成為全球律師事務所的企圖心，才能在世界各地做當地本土的交易。

黃日燦把這個想法告訴眾達當時的管理合夥人帕特．麥卡坦（Patrick F. McCartan），表示眾達還是一個美國企業的律師事務所，不是資本市場的律師事務所，企業若要發公司債或是證券，雖然眾達會做，但是華爾街其他律師事務所更會做，眾達不會是首選。但是如果是美國大企業各種柴米油鹽醬醋茶的問題，從勞工到環保等業務，眾達都很熟，能全都包，這一套執業方式如果可以拓展到全球，並且在各國落地生根，一旦申請到當地執照，再聘僱當地的律師進來，在地企業就不會去美國時才找眾達，而是每天碰到柴米油鹽醬醋茶這些問題，都會找眾達，眾達也就能晉升成為真正的全球律師事務所。

帕特．麥卡坦很認同黃日燦的想法，將亞洲這一塊交給他負責，所以黃日燦在亞洲開疆闢土時，全心朝全球事務所方向邁進。在香港，他找當地律師接手眾達的香港業務，由於香港與大陸的關係，香港的公司勢必會與大陸企業做生意，他們便可順藤摸瓜，接觸更多中國企業，從而變成眾達的客戶。

當時黃日燦的策略是，眾達已是全球十大律師事務所，在各地發展時，不需要搶第一，只要做品質最好的律師事務所，搶攻金字塔頂端二〇%的客戶就好。因此他就在大中華區積極吸收當地高手，培養他們成為精兵，包括在日本，他也協助說服從日本第一流律師事務所出來創立昭和法律事務所的七、八位合夥人加入眾達，大家一起為成為全球律師事務所的願景打拚。

整個大中華區就在黃日燦的領導下，各分所的律師各盡其力，相互幫忙，黃日燦對台北的律師說：「你只要跟客戶講，我們在亞洲有六個辦事處，無論要到新加坡、大陸，還是香港，我們一通電話，你就可以馬上在當地分所諮詢他們事情，他們也會馬上幫你處理。」同樣地，在上海或是香港等地的律師，也可以彼此互相幫忙，不像其他的律師事務所，如果客戶在其他國家需要協助，還得幫他們安排尋找當地的律師事務所，另外討論價錢以及是否接辦等等，這也是黃日燦的全球化事務所的重要概念。

願景遭遇三大問題阻礙

為理想衝刺的那幾年，黃日燦又忙又累，卻非常興奮，歐洲如他所想，雖然剛開始打進去並非一帆風順，加上歐洲從租金到人工的成本都昂貴，但眾達是大型律師事務所，只要方向對，可以承受幾年的虧損，因此至今都經營得不錯。亞洲方面，如果當時中國開放外國律師事務所進入本土，讓眾達可在當地執業，至今眾達在亞洲也會如歐洲一般，成為全球性的律師事務所。

尤其，黃日燦是第一個幫助眾達看到歐盟這塊大有可為的市場，他在亞洲崛起時，也是第一個大量聘用中國律師的人，準備申請在當地執業，他更創造出全世界第一個 global local law firm（全球本土律師事務所）的概念，擴大律師的執業範圍。黃日燦以台北為基地，積極培養新人，因為律師是在野法曹，他希望將來這群精兵，對台灣和中國的經濟及法治發展都能提供一定的幫助。

可惜中國在二〇〇一年加入WTO之後，並沒有開放讓外國律師事務所在當地執業，成為本土法律事務所，少了中國這個亞洲最大的新興市場，其他國家律師市場太小，這是他最大的挫敗。

其次，原先認同黃日燦的理念，且將亞洲市場放手讓他衝刺的帕特・麥卡坦，於二○○二年交棒，接棒的管理高層基本上也尊重他的想法，但是比較主觀，喜歡按照自己的方式來。二○○三年，眾達在北京開分所，高層引進自己中意的人，這些人進來後，當然力求表現，設法直接上達天聽，導致原本大家上下一心、不分區域的分工合作模式，慢慢演變成內部爭搶客戶，不再互相幫忙的局勢。台北還好，香港變成經常內鬥，至於中國大陸，當年黃日燦為了準備申請當地執業，僱用了一些專門解決疑難雜症的奇兵，「我很厲害的是，可以把二軍盡量訓練到一軍，再把這些被訓練有八成功力的人組成團隊，發揮九成或是九成五的功力。」但這些中國本地律師的奇兵卻因為英文不夠好而被冷凍，最後只好走人，大中華區的協調管理逐漸鬆動，成為黃日燦的第二個打擊。

第三個打擊對他最大，就是客戶的利害衝突，直接衝擊他想要達成全球律師事務所的願望。所謂客戶利害衝突，就是如果Ａ公司是某律師事務所的客戶，Ａ公司現在跟Ｂ公司做一件交易，雖然Ａ公司沒有請該事務所做代表，但是該事務所是不能代表Ｂ公司的，因為會有利害衝突之虞。由於眾達是美國律師事務所，美國在客戶利害衝突規定這方面尤其嚴格，但是亞洲比較鬆散，只要不是同一個案子，事務所可以既代表Ａ公司，也可以代表Ｂ公司。但是在美國，如果事務所想要代表Ｂ公司，就必須客戶Ａ公司同意才可以。

這種客戶利害衝突的例子愈來愈多，包括黃日燦在爭取日本日立（Hitachi）這個大客戶時，又碰到眾達的美國大客戶抗議，因而作罷。問題是，海外公司只要是大企業，就有可能跟美國的大公司有所瓜葛，而眾達的美國客戶又都是大公司，「久了之後，誰會繼續用你？就算用你，也是把你擺在第三位，這個客戶利害衝突就變成我們想要全球化的致命傷。」黃日燦說。

這種美國至上根深柢固的觀念，即使優秀如黃日燦，碰到有客戶利害衝突時，如果高層能夠幫他去說服美國客戶，這條路還是行得通，但事實是，只要有衝突疑慮，經常是美國客戶優先。

另一方面，歐洲之所以推展得比較順利，跟歐洲人在法律事務上願意花大錢有很大關係，所以有些歐洲公司變成眾達的大客戶，但是亞洲企業雖然愈做愈大，但從法律服務收費角度來看，依舊不是眾達的大客戶，因為亞洲人在法律事務上算得比較精，不願意花大錢，因此叫好不叫座。

中國本土法律市場打不進去、高層介入導致管理鬆動，以及客戶利害衝突這三大窟窿加起來，讓黃日燦布局多年的全球律師事務所願景，成了一個幻影，他對於這場仗接下來該怎麼打，第一次開始覺得茫然。

美好的仗已經打過，爬向人生第二座山

黃日燦決定改弦易轍，既然外國律師事務所打不進中國本土市場，也很清楚中國律師事務所一定會起來，無論是成本或是彈性，都會變成中國律師事務所的優勢，他們強大後就會開始挖走他的人。於是他開始向高層建議縮小在中國的業務，改採小而美的精兵策略。

但忠言逆耳，尤其當時中國市場正熱，外商積極搶進，眾達高層認為中國市場前途無限，應該全力擴張才對。黃日燦後來乾脆退守台灣，將主力擺在台灣，把台灣市場做大，從漢微科到美光等台灣幾千億規模的併購案，一個接一個的大案子，都在黃日燦手中順利完成，「千億大律師」名號因此不脛而走。

二〇一〇年，黃日燦與著名的投資銀行家黃齊元和其他幾位友人一起創設台灣併購與私募股權協會，二〇一四年，黃日燦接任協會理事長，鼓勵本土私募及企業併購，同時邀請許多企業家成為會員，因為私募及併購和企業的關聯很大，打破以往會員幾乎都是律

師、會計師及投行的情況，不僅會員大幅增加，而且企業主就占了一半。協會在二〇一一年時，更推出金鑫獎，成為台灣併購領域重要的獎項。

但是美好的仗已經打過，未來究竟要為何而戰？自己的價值又在哪裡？如果是為了賺錢，黃日燦早已經不需要擔心生活，既然創造全球律師事務所的願景已經破滅，「我若不繼續做律師，要做什麼？」這是黃日燦不斷問自己的一句話。當年黃日燦從美國返台，要把世界第一流的併購及其他法律專業帶回台灣，他做到了，不斷推出新的業務，從金融商品、併購到海外投資，為大家開了一條新路。

他勤奮不懈地努力了一輩子，第一次體會到六十歲以後，無論是體力或是耐力都逐漸跟過去有差別。假如要換跑道，他對政治固然一直關心，但早就答應妻子不從政，況且現在才要起步也太晚了；他執業律師多年，除了企業併購、商務交易外，更嫻熟跨國投資、創投及證券金融等領域，尤其私募基金正夯，很多人找他做私募基金，他有專業，人脈又廣，但是他很清楚，私募基金從募資、投資到出場，需要至少十年以上的時間發酵，他的年紀似乎不值得再做這種事。

如果是進入企業，他有很多邀約，但是當初吳舜文和嚴凱泰極力邀請他進入裕隆集團服務，他都婉拒，一方面要保持客觀立場，一方面他這輩子最不喜歡做的事就是只有一個老闆，只做一件事。

「男人有中年危機時很痛苦，沒人談，很孤獨，」黃日燦說，那幾年是他這一輩子心情最惡劣的時候。他一方面維持現狀，一方面又覺得欲振乏力，苦悶了三、五年之久。有一天他忽然想通了，如果他不做律師，所有的限制都消失了。事實上，從吳舜文、嚴凱泰，到很多企業老闆，都不再視黃日燦為律師，而是將他視為企業軍師，提供策略。

想通這件事之後，二〇一六年，黃日燦開始向總部申請退休，總部擔心他突然離去，會影響亞洲團隊軍心，乾脆拖著不放，但他卻愈來愈積極準備退休。二〇一七年，黃日燦先卸任眾達台北所長職位；二〇一八年他申請退休通過，擔任一年顧問後，終於在二〇一九年，正式從眾達退休。退休以後，黃日燦再也沒有踏入眾達一步，即使是他一手創辦的台北分所，他也退得很徹底，「跟律師有關的事，基本上我就不想了。」

不做律師，要做什麼呢？年少時沉迷於武俠小說時，黃日燦就立定志向：「我應該要救國救民的，就算做不了民族英雄，至少也要產生影響力，而這個影響力，我希望它可長可久。」他開始思索自己長年以來，累積的能力與視野，可以提供給社會的價值在哪裡？

他想起好友緯創集團董事長林憲銘曾對外說，黃日燦是軍師，不是律師，他對企業主最大的貢獻是在策略上提供角度與建議，這也是他最有價值的地方。他回顧自己前半生的努力，一九七八年赴美留學，一九七九年因緣際會到香港工作，見證中國大陸開放外資進入，他跟著外商一起與中國打交道；一九八〇年起，美國迎來併購黃金年代，他是唯一一位來自台灣的華爾街律師，親眼見證並參與併購熱潮；在公司這一塊，幫助企業透過併購升級轉型；在私人這一塊，協助超級富豪規劃家族權力及財產分配；他也幫助中國，從原本沒有律師的國家，建立律師制度。

他帶著美國企業到中國、歐洲，帶著日本企業進軍美國；擔任裕隆集團特別顧問時，又帶著台灣企業到大陸拓展版圖，他用心抓住每個機會，發揮得淋漓盡致，因而累積了不同實力。雖然進不去中國本土市場，全球化律師事務所願景落空，因此沮喪失望數年，但他忽然領悟到，老天讓他歷練那麼多不同的經驗，或許就是為了讓他留在台灣，把過去經驗發揮在協助台灣產業升級及轉型。

「想來想去，覺得我這樣子的位置，應該有獨特之處，放眼望去，應該沒有太多人有我這樣的機會、經驗、關係和視野，因為我不只在台灣、大陸，我跑遍整個美國、歐洲、亞洲等地。」黃日燦說。

只要他不做律師，跳開了限制之後，他就能將他做律師時學到的功夫與策略，以及參與企業經營及董事會的經驗集大成，發揮他最大的功能。

六十幾歲的年齡，也是他人生最通透之時。首先他已經不像年輕時急躁，還有壓力與包袱；其次，他是以公益的心情做事，純粹想幫台灣企業，更沒有趁機去買股票，沒有患得患失的心情，只是希望台灣未來二十年、三十年，因大家現在的努力而更好，完全一片善意。

就在耳順之年，黃日燦決定成立「台灣產業創生平台」，協助台灣企業升級與轉型。

第十八章　再展千里之志：助台灣企業雙腳並用、脫胎換骨

「錢在老創，人在老創，市場在老創，技術也在老創，
台灣的成熟企業缺的只是新的想法、新的視野、新的方式，
所以要他開竅，這才是問題癥結。」

——黃日燦

關於催生台灣產業創生平台一事，緯創集團董事長林憲銘還記得，黃日燦退休後不久，有一天來找他，提到早期兩人一直有心願，想要幫台灣做一些事。雖然後來林憲銘成立緯創人文基金會，邀請黃日燦擔任董事，致力於台灣自然生態平衡及人文關懷，贊助拍攝台灣環保紀錄片及電影，例如《看見台灣》等等。但黃日燦提出想成立台灣產業創生平台的構想，協助台灣企業雙手雙腳並用，透過自我成長的右腳，外部併購的左腳，讓台灣企業走得更遠。

「他才講不到半小時，我立刻說加入，這是該做的，這個比較對。」林憲銘說，黃日燦非常了解企業併購法規及優缺點，他在眾達的實務經驗也夠，主導過多次併購大案，台灣企業又很重視自我轉型與成長，黃日燦可以從併購這一塊去切入，進而提供更多的協助。

林憲銘對黃日燦說，這個平台當然是由黃日燦帶頭去做，「這又顯現出Jack的另一個特質，他的組織能力很強，條理清楚。」從林憲銘到大聯大控股董事長黃偉祥、信義集團創辦人周俊吉、可成科技董事長洪水樹、佳世達集團董事長陳其宏、晟德集團榮譽總裁林榮錦、巨大集團董事長杜綉珍、大亞電線電纜董事長沈尚弘，之初創投創辦人林之晨、富邦集團董事長蔡明忠等等，每個人聽了都立刻支持他。蔡明忠甚至對黃日燦說：「真的只有你有辦法。」

陳泰明也一點都不意外，他說一般法律人退休，還是做法律相關的工作，但是黃日燦基本上就是企業決策者的腦袋。他可以跳脫法律，把大家聚集在一起，做決策、諮詢、轉型與升級，「這不是一般法律人有這個本事跳出來，而且重要的是你可以這樣做，有人要買單，這是最難的部分。」

其實，黃日燦在發起台灣產業創生平台之前，為了確定他的構想不是一廂情願的白日夢，跟好友楊啟航討論了近兩年才正式啟動。楊啟航是黃日燦眼中「全中華民國最棒的公務員」，產學官三棲，原已是國科會處長級官員，卻自動降調兩級，跑到舊金山當科技組組長蹲點十餘年才退休，就只因為矽谷對台灣太重要，應該有人去長期耕耘。楊啟航現在還是台灣產業創生平台的榮譽執行長。

老創新生，強化中小企業競爭力

二〇二〇年一月，黃日燦登高一呼，多家企業大老響應，募集五千多萬資金成立的「台灣產業創生平台」在記者會中宣布，創生平台的宗旨與精神就是提供開放的知識交流場域，從改變企業掌舵者思維做起，廣邀台灣大中小企業領袖共同參與。

很特別的一點是，黃日燦推動這個平台，強調的是老創新生，不是投資新創。關於這一點，林憲銘解釋，當初他跟黃日燦討論創生平台未來要如何推展，他們都認為台灣大型企業，包括他自己的公司緯創，內部都有一套制度去因應新的挑戰與議題，例如ＥＳＧ，但是台灣的中小企業是支撐台灣的力量，在面對未來挑戰時，有他們看到與還未看到的難題，這即是創生平台可以發揮的地方，希望幫助這一群中小企業，穩固他們的競爭力，才能在未來十年、二十年的產業變化裡，不只可以生存，還可以繼續變強，他們要做的就是關注這些中小企業，協助他們面對，並克服這些挑戰。

中小企業在本業上碰到的問題，他們自己不懂，但是這個平台可以協助中小企業使用外力，例如，投資外面的新創事業，或是引進可以改善公司體質的軟體系統，讓他們有機會翻轉未來；尤其，台灣產業創生平台成立時，特別邀請不同產業的企業家及專家進來，互相交流不同產業經驗，才能幫中小企業對症下藥。

林憲銘也指出，台灣的中小企業，因應產業別的不同，長期以來，各自有自己的生態聚落，好處是大家互相扶持，缺點是「眾人有共同盲點」，因為產業聚落裡都是經驗相同的人，大家所有的眼睛每天都往東看，有一天需要往西看就不會了，這是很有可能的事。在這種情形下，不只要靠異業，還要靠不同經驗的人相輔相成，而台灣產業創生平台有很多來自不同產業的支持者在分享事業經歷時，可能會因為他講了一句話或是分享了一些事情，突然間點亮了這些中小企業主的想法，「連我有時都需要經過這樣一個刺激，才有辦法突然想通，中小企業更需要，所以我們可以扮演這樣的角色。就像 Jack 講的，把我們的殘值發揮得更高一點。」林憲銘笑說。

黃日燦先從幫助這些已經在各產業經營多年的老創開始，認為「錢在老創、人在老創、市場在老創、技術也在老創，他們缺的只是新的想法、新的視野、新的方式，所以要他開竅，這才是問題癥結。」

把公益當事業經營，講方法和策略

但台灣中小企業達數十萬家，如何做起？這又回到黃日燦的聰明做事方法。

一九九一年，黃日燦剛返台時，由於他長期都與道德重整合唱團保持聯絡，道德重整合唱團後來改組為道德重整協會，協會會長劉仁州來拜訪黃日燦，希望在台灣發起「乾淨選舉救台灣」運動。

當時台灣選舉買票賄選風氣嚴重，道德重整協會這群熱心的年輕人想抑止這樣的風氣，但有信念，卻沒方法，跑來請擔任協會顧問的黃日燦幫忙，才剛返台的他，忙得不可開交，更何況要推動這樣艱鉅的任務，知道並非易事，但看到他們堅決要做，於是提醒他們，做這種事情必須要有方法，不是自己悶著頭往前衝。

黃日燦表示，首先，既然所有社會團體與宗教團體都反對買票行為，乾脆結合大家力量；其次，要有簡易可行的口號，也就是「乾淨選舉救台灣」；再其次，要宣導乾淨選舉，就從台灣總共三千七百餘位的村里長開始做起，這些都是樁腳，只要做到讓三千七百餘位村里長的十分之一都變「白」，同時鼓勵他們站出來，讓正派的人出來選村里長，就可以以小搏大，影響他人。

當時他們請每位公職候選人簽下乾淨選舉承諾書，承諾不買票，村里長也不買票，再透過人海戰術，讓中小學生回家告訴父母不要接受買票行為，果然引起社會大眾響應，媒體也報導。

「乾淨選舉救台灣」運動從一九九二年推動執行了十餘年，現任道德重整協會理事長許壽峰說：「黃律師是非常重要的角色，這場運動對台灣造成一定程度的翻轉影響，雖然不能改變對選舉文化根深柢固的做法，但卻是在對的方向做了一個對的扭轉。」

談笑間，啟發企業經營思維

黃日燦在幫助台灣企業老創新生，也是以近兩千家台灣上市櫃公司以及一些沒有上市櫃、但具規模的公司為標的，透過到全台各地訪談，以類似醫生問診的方式，協助他們升級轉型。「我們不需要全套做到底，他們只要知道自己的不足，接下來該做什麼，其實他們比我們還清楚，只是欠缺外界刺激、需要開竅，」黃日燦說，這些企業活在自己的世界太久了，什麼事都變得理所當然，左右鄰居也是如此，老臣跟第二代也都是第一代創業家訓練出來的，大家同質性太高，要做的只是讓他們把頭抬起來看看外面世界，就會開始思考自己的不足。

從二〇二〇年迄今，黃日燦已經訪談近百家台灣各地的大中小企業，每次拜訪兩個鐘頭左右，與該企業經營決策者談話，這些經營者勤勤懇懇努力，一方面緬懷過去榮光，一方面暢談公司有哪些新廠正準備興建，黃日燦常常聽了一個鐘頭後，下個鐘頭就開始敲打，問他們認為這個產業的全球市場未來十年會發生怎樣的變化？例如，如果未來十年努力的回報是年營收三億美元，卻有另一個競爭對手雖然技術不如你，卻控制更多的市場占有率，那時該怎麼辦？這些問題常常讓那些經營者措手不及，因為他們從沒想過。

「我們都看得很精，在幫他們開竅，幫他們 play smart，」黃日燦認為透過提供企業外部創新思考、投資趨勢，並且協助他們了解全球政經及產業動態，讓這些企業開竅後，公司就能從三％年成長率變成一〇％，甚至更高，再去影響他們自己的產業聚落，發揮更大的效益。

例如，當紅的生技公司保瑞，原本只是一家小型藥品經銷商，董事長盛保熙從二〇一三年開始做連續併購，並且掌握產業變動脈絡，讓公司從原先的藥品經銷商，幾年後就轉型為委託開發及製造服務大廠，一方面逐漸完善生產線，一方面積極擴展醫藥及健康保健品的銷售代理版圖，朝向全球保健市場邁進。

當初盛保熙在做併購時，黃日燦適時提點他：「你該買的假如沒買，等到你想買的時候，不一定原物、原狀、原價在那裡等你，還不如先買進來，再來處理消化不良的事情。」聰明的人自然一點就透，至於固守想法的經營者，也被黃日燦幾句敲打的話，本來密不通風的牆，開始透光，試著重新思考自己的經營方向。

黃日燦對自己所催生的台灣產業創生平台深具信心，除了深入企業訪談、開課、舉辦論壇，每年出版產業趨勢白皮書等等，參與顧問團的企業家也愈來愈多，他表示：「所有的事情，我都以十年來看，持續做十年，我相信會有相當的影響力展現出來，現在已經四年了，後面就會開始加速，因為被影響的企業，他們的變化會加速。」

大聯大控股董事長黃偉祥是這樣形容黃日燦的：「我常常覺得 Jack 很像是三國裡面的人物，羽扇綸巾，談笑間，檣櫓灰飛煙滅，」在幽默的談笑間，一句話就搞定所有事情。黃日燦則幽了自己一默說，他當律師時收費很貴，他想幫別人，別人來跟他講話，要付很多錢，現在他到全台各企業走透透，主動跟他們聊天，不但幫他們挖掘問題，而且還不收費。

黃日燦的朋友都笑說：「現在跟 Jack 講話免錢。」

結語　台北圓環邊的窮困小子，走出自己的傳奇

「盡人事是我對自己的要求比別人更嚴格，
但聽天命則是我比別人更寬容，因為我比別人體驗得更多。」

——黃日燦

黃日燦從小就不是一個願意妥協環境的孩子，既然他沒辦法改變環境，他所能做的就是在這樣的環境裡不妥協，用事實證明：「只要努力，很多事就變成可能。」

在他努力做好自己之餘，大學時代因為加入道德重整合唱團，讓他學會不能只為自己努力，也要抬頭用正面的態度去為這個世界努力。所以正面思考的力量，影響了他一生，讓他無論在工作上或生活上，都堅持待人以誠的原則，即使律師這個職業通常給人長袖善舞，為了打贏官司不計代價的印象，但他從不妥協這個既定印象，寧願推掉客戶，也要守住律師在野法曹的角色。

看似優雅圓滑，實則黑白分明

前TVBS董事長，也曾任台灣大哥大總經理的張孝威曾說，黃日燦在朋友心中的形象是：「看似優雅圓滑，實則黑白分明。」黃日燦的高中同學也半開玩笑地說：「真是天佑台灣。」意思是，像黃日燦這麼聰明的人，如果為惡，不知道他會做出什麼驚天動地的事來，但黃日燦既了解人性，又會設身處地為人著想。

從小就寫得一手漂亮書法的黃日燦，曾說：「我們寫書法有一個境界，叫做知白守黑，你想要很漂亮的留白，就要知道黑墨寫在哪裡，這幅字才精采；某種程度，我就是知白守黑。」雖然從不妥協命運、不妥協環境，但他也從不強求，這一點與黃日燦共事長達三十年的陳泰明最有感受。陳泰明說早年他自己碰到解決不了的案子，難免焦急，當他去問黃日燦該怎麼辦時，黃日燦反問他：「你沒有更好的方法，那你怕什麼？我也想不到啊，就這樣子，let it be.」告訴他多想也沒有用，只要盡過力就好了。

聰明努力如黃日燦，仍有許多未竟之業，沒有打贏的戰役，無法達成的遺憾，但他向來用「盡人事，聽天命」的態度面對人生中的起伏。黃日燦說：「盡人事是我對自己的要求比別人更嚴格，但聽天命則是我比別人更寬容，因為我比別人體驗得更多。」

至於得與失，黃日燦的看法是：「你碰多了，就平衡了。要不然你盡了人事，又不甘心聽天命，你就是折磨自己，睡也睡不好，吃也吃不好，事情更糟糕，完全於事無補，所以事情做完了就上床睡覺去。假如天會塌下來，至少你睡夢中好好走吧；假如醒來天沒塌下來，那就還有機會。」

以破壞式創新理論聞名當代、最具影響力的商業思想家克里斯汀生（Clayton M. Christensen），他在哈佛商學院擔任教授，每學期最後一堂課，都會請學生好好思考未來要面對的三個問題：如何才能樂在工作？如何才能擁有圓滿人生？面對選擇時如何秉持誠正原則？

克里斯汀生看過太多才智過人且目標遠大的人，因為情勢所迫，走上了妥協的不歸路，認為「這樣的妥協會侵蝕你的身心」，而且「你只要妥協一次，暫時放下自己的原則，往往會面臨痛苦的後果。」

那麼，該如何過上不妥協的人生？如何勇於面對人生的驚濤駭浪？答案就是原則。克里斯汀生認為，有原則與理想的人，即使碰到驚濤駭浪，眼看就要偏離自己設定的軌道時，都會咬緊牙關撐過去，不改初衷。

亦狂、亦俠、亦溫文

就像《絕代雙驕》裡，成長於惡人谷的小魚兒在困境中求生存，又保持樂觀，黃日燦也像小魚兒一樣，從小就樂觀向前，黃日燦說：「我樂觀是因為我把事情看得很透，你不樂觀你要怎樣？你說明天會更好，不一定喔，明天沒有更好，然後一天比一天消沉嗎？假如你永遠都覺得少一塊錢，天天都不好過，只要你覺得比沒錢多一塊錢，天天都過得不錯。」

「當然，我的聰明可能讓我的日子比較好過一點，但是假如我的態度是一定都要拿一百分，老實講，日子也不好過啊，但是我不會都要一百分，我只要拿獎金就好了；我也不會為了拿獎金，人生其他都沒有顏色，只有念書，沒有啊。我們就像小魚兒，在草莽中生存，又不要變成地痞流氓，要混也要混得有格調，而且不只有格調，還要愈混愈好，但不要讓人家一眼看穿你，也不用一副全世界都欠你的態度，陰晴圓缺，這就是人生。」

像黃日燦這樣的普通小孩，暨沒有資源，也沒有家產奧援，靠自己奮鬥，一路積極努力往上爬，從台灣跨越重洋，立足世界舞台，黃日燦的故事不僅是他個人的奮鬥，同時也連結著時代脈動與產業發展，他感謝生長在台灣自由民主社會，讓他只要抓緊機會，就能逐夢成功。

眾達台北律師事務所創辦二十週年時，當年在香港與黃日燦共事的一位美國律師是這樣形容他的：「黃日燦之所以有今天的成就，不是因為他畢業自台大或是拿到哈佛法學博士學位，而是黃日燦無論在任何一個工作階段時，他都不滿足於現狀，永遠都願意嘗試新的事物，成就了今日的他。」

與黃日燦認識二十幾年的緯創集團董事長林憲銘說，黃日燦有很多優點是非常獨特的，其中最重要的是他很有心，做為一個領導者，最重要的是要有熱誠，如果心一直冷冷的，講話也冷冷的，當然也帶不起一個組織。黃日燦充滿熱誠，覺得這件事該做他就會很投入，加上能力強、人脈廣、人生歷練又豐富。

林憲銘特別指出，黃日燦的人脈廣度很廣，相對的知識廣度也很廣，這是因為黃日燦非常喜愛閱讀，「如果你要很多的人脈，當別人來跟你認識時，你說的話，對方卻聽不懂，或是對方說的話，你也聽不懂，你們兩個怎麼可能會交好？一定要有對談，對談的意思就是他的領域你要懂。」

對於這位好友，林憲銘用一句非常精準的話來形容：「古早戲曲有一句話說：『出將入相』，出去可以打架，進來可以做宰相，指的就是黃日燦。」

番外篇　他的小魚兒個性：

愛管閒事，打抱不平

黃日燦從小就喜歡管閒事，他說，像他這樣愛管閒事的人不多，大部分的人只要把自己做好即可。

他為人熱心又健談，常常第一次見面就跟大家一見如故，即使與對方素昧平生，或是剛認識的朋友，若有事情需要幫忙，就算這件事情跟他無關，黃日燦也經常義不容辭地幫對方想辦法，或是提出建言；如果自己力有未逮，他也會熱心介紹自己的朋友給對方認識。

冷靜的腦，炙熱的心，再忙都願意助人

道德重整協會祕書長歐陽慧芳回憶，黃日燦是協會的傳奇人物，早年黃日燦擔任團長，將道德重整合唱團擴大規模數倍，是大家心目中的大神。這樣的一位人物，後來從美國返台創辦事務所時，明明忙得不可開交，但只要跟他約時間請教協會的事情，他一定答應。歐陽慧芳笑說，每次跟黃律師見面她不僅會先在筆記本上寫滿要請教的事，還要大口深呼吸好幾次，因為黃律師做事快刀斬亂麻，講話直白，又能快速幫助釐清事情重點，她因此學到做事要嚴謹。

協會搬到南部後，她留在台北經營團隊，卻苦無落腳之處，黃日燦夫婦知道後，立刻將新店的房子無償借給他們當做工作室使用，這一借就是八年，直到她出國念書。她後來搬到南部擔任協會祕書長，黃日燦也從未停止關心，經常利用出差到南部時，先跟協會的人約時間吃飯，討論會務，還特別叮嚀只要吃滷肉飯就好，要他們不要特別去找餐廳。

協會理事長許壽峰說，從跟黃律師互動可以看出他犀利理性的外表下，內在的溫柔與熱情，黃日燦願意花時間跟他們討論，背後有很深的情感在裡面。有時黃日燦講話太直白，黃日燦的妻子就會在旁邊拉他的衣袖一下，兩人一剛一柔。

協會有一次舉辦大專青年活動，會中有一位年輕人問黃日燦：「黃律師，人家都說律師世界很狡詐，不說真話？」黃日燦回答他：「我有一個原則，從不說假話，我永遠都會說實話，但我不會告訴你全部的實話。」或許律師的世界有太多的心機謀略，甚至有很多誘惑，但是他們看到的黃日燦，有非常堅定的做人原則，所以才能悠遊自在。

黃日燦的女兒黃芝文說，小孩一般都不喜歡找父母商量工作或是選學校，但她把父親當做人生導師，每事問，因為父親會從她的立場去思考，給予適當幫助，就連她的朋友都會問她：「我想去找妳爸爸聊一下，好不好？」這是因為她父親自己的家人不多，所以他都把朋友當成家人，很喜歡幫助人。

獨董既要防弊，更要興利

黃日燦曾經擔任多家企業的獨董，從大聯大、精誠資訊、中信金、台哥大、中鼎、台達電，他都花了不少時間投入，從來都不只是去開會而已，而是充分發揮獨立董事的功能。

所謂獨立董事，就是取代監察人的角色，他解釋，這是因為英、美、法等國沒有監察人制度，台灣證券法、公司法都是學美國的，慢慢也將獨立董事這一套引進台灣。企業很多重大決定必須獨董通過才可以執行，或是有些事情必須先給獨董看過，尤其是重大財報、重大交易等等，都要送到審計委員會，如果審計委員會不通過，就進不了董事會，這即是為公司把關。當然公司的董事會還是可以強行通過，但是公報會寫出來，表示這是某某公司董事會通過某議案，但審計委員會持保留態度或反對，以這套方式來制衡。

問題是，如果獨立董事都不獨立，例如都是指派親戚好友擔任，就會失去功能。所以黃日燦認為，獨董要發揮職權，一定要大股東願意才有辦法，如果大股東願意讓公司更上軌道，只有獨董才能組成審計委員會，並且審計委員會通過才能做，就會是一個有效的把關功能。

由於法律沒有明確規定獨董有那些積極行使職務的責任，一般人來開開會也就好了，但是黃日燦不是，他擔任獨董，開會一定盡職發言，甚至做得有聲有色，讓很多企業大老都找他當獨董。

一九九八年，大聯大控股有限公司董事長黃偉祥的公司世平興業上市櫃時，他立刻請黃日燦擔任公司外部董事，二〇〇五年，黃偉祥組大聯大控股有限公司，依舊請黃日燦擔任獨董。黃偉祥說，大聯大現在公司治理做得不錯，是透過不斷優化的過程，在合組控股一開始時，每個人過去都是一代梟雄，突然進到董事會，自然會將過去的經營習慣帶到董事會，開會時常常忘記自己是在開大聯大的董事會，還是在開子集團的CEO會議，意見各有不同，爭執較多，這時候黃日燦就會跳出來提醒他們，把大家該想的事情丟到檯面上討論，讓討論回到正題。

這就是黃偉祥認為黃日燦最厲害之處，不僅夠專業，還能夠在情境之中詮釋眾人的狀態，經常幾句話，就平息了大家的紛爭。「我們要講一百句，還口齒不清，他可能講五句、十句就結束了，」黃偉祥說，黃日燦深知如何跟人相處，清楚每個人的個性，知道如何幫他們。

關於獨董這個角色，黃日燦認為，獨董這個制度如果做得好，不只是防弊，更能興利。因為防弊只是為了公司治理，不要讓大股東欺負小股東，但一家經營不善的公司，也不會只因為防弊而變成好公司。此外，只有防弊，讓資訊透明，財報健全還不夠，黃日燦在大聯大擔任多年獨董的經驗是，獨董可以發揮很多興利功能，讓董事會透過外來的和尚，了解不同行業的世界，大家集思廣益，在決策上思慮也能更周全，降低出錯率。「你每一次對的機率比錯的機率高，久了就贏了。」

但黃日燦也提醒，再好的朋友，也不要隨便答應擔任獨董，萬一公司出事，獨董可能就得負責。「我常開玩笑說，出事了，你去找你的好友，他頂多只能買水果來看你，沒辦法替你坐牢，所以一定要想清楚，假如你對他的理念或經營方式不認同，也沒有信心，就不要隨便答應當人家的獨董。」

當獨董有風險，但黃日燦經常義無反顧跳進去，而讓他接下獨董的考量有二。第一，如果他覺得當這家公司的獨董能有貢獻，他就考慮去。第二，這個貢獻如果其他人也可以做到，或者只是單純防弊，而不能興利，他就不去。

黃日燦與富邦集團董事長蔡明忠是好友，二〇〇三年，蔡明忠入主台灣大哥大，請黃日燦擔任獨董，黃日燦第一句話就提醒蔡明忠：「我們這麼熟的朋友，就不要互相為難，如果我當獨董，我是你的好友就擺在其次喔。」後來是蔡明忠堅持，希望把公司治理好，黃日燦才點頭答應。

黃日燦加入後，花了好幾年時間協助蔡明忠整頓公司治理，力求透明化，尤其獨董超然的角色，大股東不方便整頓的地方，獨董可以協助，黃日燦也感慨：「一個大股東若想做好，我們獨董的確可以幫他把公司做好。」因為黃日燦將獨董這個角色做得非常成功，當年中信金創辦人辜濂松更是親自前來邀請他擔任獨董。

其實，擔任獨董對黃日燦來說，並非額外收入，反而是負擔，因為他是律師，業務上必須利益迴避，有些生意反而因為擔任獨董而不能接，但黃日燦認為把獨董做好，帶動風向，就能對台灣的公司治理有所幫助，進而健全台灣企業。

做別人不能做的事

此外，一九九一年，黃日燦返台才一年，忙得不可開交的時候，有人找他擔任台北美國學校校董，因為他的兩個孩子也在美國學校念書。一開始，黃日燦以為只要每個月去學校開會兩個鐘頭就好了，沒想到碰上美國學校多事之秋，董事會不滿校長，要換人；校地租約到期，與市政府有爭議等等問題，雖然當時他工作忙碌，又經常出國，還是熱心協助把所有問題都解決。換掉校長後，黃日燦又重新修改美國學校入學制度，用美國移民制度方式，分六個優先入學條件，清清楚楚，誰來都一樣，杜絕走後門的方式。

這種擋人財路的方式，難道不怕踩雷？黃日燦的回答是：「老實講，我什麼時候怕進廚房？我什麼時候怕燙過？我這輩子怕過什麼？」至於為什麼這麼喜歡管閒事？黃日燦的理由是：「這表示這個閒事不是閒事，這些閒事一直是我很關心的事，都是正事。」

管閒事，要花額外的時間，黃日燦套用林憲銘常說的一句話：「愛管閒事，就不覺得煩。」把時間管理好，這些都只是花一點時間，不要什麼事都攬在手上就好了。

例如，一九九六年，有人找黃日燦幫忙，因為作家柏楊想要在綠島建人權紀念碑，大家成立建碑委員會，請來知名建築大師漢寶德設計，原本預計建碑預算三、四百萬元，沒想到漢寶德到現場一看，建碑必須往下挖，否則蓋在地上，後方兩座將軍岩直接擋住視線，根本看不到，但往下挖就貴了，預算變成三千八百萬元，黃日燦因為開會遲到被選為募款股長，剛好李登輝總統要出書，黃日燦說服李登輝加印精裝本，一本賣一萬元，兩千本精裝書就捐出了兩千萬元，他再去說服藍綠兩黨的朋友捐款，告訴他們，如果只有藍的或是綠的捐款，就變成藍色人權碑或是綠色人權碑，於是包括嚴凱泰在內，無論藍綠，大家一起出錢，很快就湊齊四千萬元。

柏老要在綠島建碑，是為了人權教育，而不是政治作秀。就像柏老親自撰寫的建碑文所說：「在那個時代，有多少母親，為她們囚禁在這個島上的孩子，長夜哭泣！」，「過去政府所犯的錯誤，可以譴責，可以理解，可以寬恕，但是，不可以忘記。一旦忘記，有一天，它會再來。」，「人權紀念碑，見證我們有智慧，也有能力，用和平的手段，終止政治迫害，並且繼續保持清醒的記憶，不允許政府重犯過去的錯誤。」

黃日燦說：「我們十二位建碑委員，跟政治都沒什麼關係，就衝著柏老的理念，分工合作，把這個碑建起來了。」這十二位建碑委員，黃日燦戲稱「最有效率的烏合之眾」，包括遠流出版社董事長王榮文、前健保局總經理張鴻仁、前教育部長曾志朗、信義企業集團創辦人周俊吉、國科會楊啟航等人，他們成為綠島人權紀念碑牆上唯一有刻名字卻沒坐過牢的人。

從台北美國學校、「乾淨選舉救台灣」運動到綠島人權紀念碑的建立，這些都是公共事務，不是非做不可的事，甚至有些事情會有風險，但是黃日燦認為，人只能活一次，對社會有幫助的事情，就算有風險，做別人不能做的事情，才是他想要的人生。

實踐真正的社會正義

「管閒事有風險，不管閒事也有風險，你以為什麼都不做就沒有風險嗎？從小我沒做什麼事，也沒做錯事，為什麼我要這麼苦呢？我們是良善人家，沒有害過別人，但是警察要抓票據犯時，我老爸還要躲躲藏藏像老鼠一樣，那些給芭樂票的人反而大搖大擺，吃喝玩樂，」認為如果不管這些閒事，社會當然不會好。

如果黃日燦不愛管閒事，其實，當年他在美國工作，只要再挑一個華爾街給更多錢的律師事務所，或是去衝資本市場做私募基金，賺很多錢，買很多房子和股票，就是世人眼中圓滿成功的人生。但黃日燦從小缺錢，卻沒有那麼愛錢，只要賺夠生活費，就趕緊學習新知識。

他功課好，但他也熱心幫大家複習；他返台創辦事務所，卻不以大律師孤芳自賞，積極培養法律人才；吳舜文母子對黃日燦有知遇之恩，他珍惜這段情誼，盡心幫他們解決公私問題；中國大陸法治制度草創時期，他也熱心引薦中國法律系學生到美國留學，提供先進國家的法治制度給高層參考。

後來更相繼在賓大華頓商學院、哈佛大學及哥倫比亞大學法學院等學校，設立獎學金，幫助台灣留學生。他經常拉著蔡明忠一起做公益，與他相交超過四十年以上的富邦集團董事長蔡明忠非常肯定他對公益的熱心，說：「他在專業與私人領域，都給了我很多的真知灼見。」

黃日燦做的事很雜，早已超過律師角色，但是脈絡清楚，每一件別人看起來是好管閒事的事，他都盡心盡力管他人瓦上霜，相信有一天，別人從屋簷下經過，就不會被積累的瓦上霜砸到頭，這正是黃日燦後來領悟到，即使不從政，也可以用多管閒事的方式，發揮平凡人的影響力，讓這個社會更好。

黃日燦說：「我是日燦，火很旺，水澆不息。」

後記　一代宗師的長情

為了寫黃律師的自傳，每次前往裕隆大樓採訪他，我一定提早半小時到，有時甚至提早一小時。我本來就是一個準時的人，但在採訪黃律師的過程中，發現他比我還珍惜時間，比我還早到，我決定比他更早抵達。

經常，我們約定的採訪時間是上午九點，但彼此都發現早到了幾乎一小時，乾脆提早八點半就開始採訪，一路採訪到中午，不但一點時間都不浪費，還額外增加了寶貴的採訪時間。

黃律師接受採訪時，習慣拿一疊白紙，一支鉛筆，他從不用原子筆，他的解釋是，用鉛筆讓他文思泉湧，用其他的筆反而寫不出來了。一般人用鉛筆寫字，字跡容易模糊不清，但黃律師用鉛筆寫字，不僅力透紙背，字體更力求清楚明晰，讓人一目瞭然，這不僅是他的律師性格，也是他為人細心體貼之處。

與黃律師相處，我真正體會到什麼叫做效率，有時在採訪過程中，我向他表達想要側訪相關人士的需求，採訪完畢，他當場就寫了一份側訪名單給我；如果他手中沒有資料，待我採訪返家後，就會收到他傳來的名單與詳細聯絡方式。

跟做事有效率的人相處，自己會更上一層樓，每次聽完黃律師的人生故事，談他如何在困境中把握時間學習、如何聰明做事，我就會開始反思自己做事還有哪些改進之處。

做為裕隆集團的特別顧問，黃律師的辦公室位置相當特別。他的辦公室位在敦化南路裕隆大樓的十七樓，等閒人坐電梯無法到達，必須有專門的感應卡才能進入，因為這一層樓曾經是吳舜文專用的辦公室，但嚴凱泰卻特地將黃律師的辦公室設在他母親吳舜文辦公室的隔壁。

有幾次，因為比黃律師早到的關係，在等待的空檔中，我在通往黃律師的辦公室短短走道上，駐足觀賞兩側懸掛的油畫與水墨畫。從大門進來後，走道的右邊牆上掛著裕隆集團創辦人嚴慶齡與吳舜文夫婦年輕時的畫像，兩人帶著微笑，目視著遠方，既平靜又雄才大略。走道盡頭的牆面，一幅巨幅的油畫赫然映入眼簾，畫中吳舜文穿著一襲藍色旗袍，拿著聖經微笑坐在沙發椅上，嚴凱泰夫婦分別站立在吳舜文兩側，畫中人物栩栩如生，訪客很難不被吸引，尤其是穿著筆挺西裝的嚴凱泰，帶著若有所思的眼神，訪客無論走到任何一個角度，都能感覺到他彷彿在注視著你。

這幅油畫的來由很特別，不知情的人，以為是吳舜文生前請人作畫，有一次採訪完畢，我忍不住好奇請問黃律師，這幅畫的由來，黃律師解釋，這是大陸一位畫家不請自畫，根據報章雜誌刊登過的相片，畫出這一幅油畫。乍看之下，只是三位人像畫，但走近仔細觀賞，這幅畫的背景琳瑯滿目呈現裕隆集團早年的各種歷史，有裕隆早期研發的汽車、嚴慶齡夫婦與幼時嚴凱泰的合照等等。這位畫家將畫像完成後就寄給吳舜文，表示要送她，吳舜文看了非常欣賞這幅油畫，反而花錢買下。

油畫的右邊是黃律師的辦公室，黃律師辦公室的右邊，正是吳舜文生前的辦公室。有一次我們談到他與吳舜文及嚴凱泰結識的過程，採訪完畢後，他引領我走出辦公室，剛好隔壁的門開著，他說：「這是吳舜文生前的辦公室。」

探頭往內看，只見裡面整齊地擺放著吳舜文生前使用的辦公桌椅及接待處，黃律師指著左手邊一張臨窗的大辦公桌說：「吳舜文以前就坐在桌子的對面辦公，」他又指著桌前的兩張椅子說：「右邊的椅子是主管進來對吳舜文報告時坐的椅子，過去我都坐在左邊這張椅子上聆聽。」

黃律師自眾達正式退休後，就從樓下的眾達法律事務所搬到樓上這間嚴凱泰為他打造的辦公室，不到一年，嚴凱泰就過世了。做為企業軍師，退休後的黃律師，自然有許多企業高薪禮聘他擔任要職，但他都拒絕了，只擔任幾家企業獨董，以及催生台灣產業創生平台，並擔任董事長，他始終堅守在這棟大樓內。

他信守承諾，在吳舜文及嚴凱泰生前，從不將眾達國際法律事務所搬離這棟大樓，即使在兩位過世後，還是遵照嚴凱泰臨終前的託付，繼續擔任裕隆集團的三朝元老特顧，協助守護裕隆的事業版圖。

做為法律界的一代宗師，黃律師在法學的武林裡，創造了很多傳奇，他的專業功力，不出鞘則已，一出必擊中要害，直指事實核心。外界稱他為黃大律師、黃教授；企業創辦人及高階經理人視他為策略家、企業的導師，對他敬畏有加，其實，黃律師是一個長情的人。

黃律師感激小學三年級時，導師蔡天民用獎學金激勵學生，讓他從此努力用功，即使念到大學，還是經常去探望這位老師。他認同道德重整協會的理念，感激協會裡的長老們無私付出，定錨他做人做事的態度，至今仍擔任道德重整協會志工，出錢出力，義無反顧幫助協會。劉毓棠在山上心肌梗塞時，黃律師是第一個趕到陽明山幫助他的人；朱光潤病重住院，他經常前往探望；吳舜文跌倒送醫，他比誰都第一時間趕到醫院。黃律師與中國法律專家孔傑榮在一九七九年於香港共事一年，至今仍保持來往。有一次，孔傑榮來台募款，要在紐約大學法學院設立「孔傑榮紀念講座教授」基金，黃律師聽了立刻率先捐錢出來，並熱心幫他找人募款。

緯創集團董事長林憲銘說：「Jack 對受苦受難的人有一個同理心，因為他自己曾經受苦、受難過。」所以無論是綠島人權紀念碑的募款，或是其他需要幫忙的人，黃律師都會熱心動員大家，跟他一起出錢出力。

因為長情，所以喜歡把閒事攬在身上，總對這些閒事，念念不忘。吳舜文重視的，也是黃律師的長情，因為他不離不棄，一直守在她身邊，幫她經營事業，協助嚴凱泰完成接班之路。

鐵娘子吳舜文是何等人物，她在丈夫嚴慶齡病故後，一肩挑起裕隆事業的經營重任，靠魄力與遠大眼光，讓裕隆集團更上一層樓；她閱人無數，再精明的人都逃不過她的銳眼，但黃律師卻看過她最柔軟的一面。有一次他隨吳舜文赴大陸談生意，吳舜文忽然對黃日燦說，她每天忙公事，多年來從來沒有給自己放個假，請黃日燦陪她去長城遊歷，並在長城前留下珍貴合影。

嚴凱泰雖然是啣著金湯匙出生的富二代，但他心中有一把尺，在接班的路上，是黃律師像大哥一般無私，從旁協助他轉成大人。

他們三人，都是長情的人，在最好的時間遇見，是彼此的幸運，就像黃律師的兒子黃芝駿所說，他們三人就是一個 team，非常地平衡。雖然精采的棋局已經結束，人已散，但黃律師就像《絕代雙驕》裡的小魚兒一樣，有自己堅持的武林情懷，即使最美好的時代已經過去了，但是情義還在。

他的情義，不只對吳舜文母子，他對於所接觸的人事物，腳下所踩的這塊土地，都有深厚的情感，所以成立台灣產業創生平台，希望將畢生所學，回饋給更多人。

雖然堅持情義，黃律師卻又不執著，他盡人事，聽天命，即使有遺憾，最後都像他辦公桌背後牆上掛著書法家杜忠誥親手寫的一幅字：「魚相忘乎江湖」。

附錄　黃日燦大事記

一九五二年　0歲
・出生台北市圓環一帶

一九五九年　7歲
・進入日新國小就讀

一九六五年　13歲
・日新國小畢業，榮獲市長獎，進入大同中學就讀

一九六八年　16歲
・大同中學畢業，榮獲市長獎，進入建中就讀

一九七一年　19歲
・考上台大法律系司法組狀元、丁組榜眼

一九七五年　23歲
・台大法律系畢業，第一次就考上律師高考

一九七七年 25歲

- 從海軍軍法書記官退役
- 第一份工作在理律法律事務所

一九七八年 26歲

- 出國前往美國西北大學法學院念碩士，獲得西北大學提供一萬五千美元獎學金，全世界只給一個名額

一九七九年 27歲

- 取得西北大學法學碩士學位
- 接受中國法律專家孔傑榮邀請，前往香港高特兄弟律師事務所工作一年，協助外資進入中國

一九八〇年 28歲

- 秋天返回哈佛法學院念博士

一九八三年 31歲

- 取得哈佛大學法學博士學位
- 進入紐約的高特兄弟律師事務所工作

一九八六年 34歲

- 被挖角進入美國眾達法律事務所
- 在紐約結識嚴凱泰

一九八八年 36歲

- 主導北美煤礦公司 NACCO 併購美國知名家電品牌 WearEver-ProctorSilex 併購案
- 嚴凱泰引薦認識吳舜文

一九九〇年 38歲
- 升任眾達法律事務所合夥人，眾達有史以來第一位華人合夥人
- 舉家返台，成立眾達台北律師事務所並兼管香港分所

一九九九年 47歲
- 設立眾達上海律師事務所

二〇〇二年 50歲
- 台灣企業併購法問世

二〇〇三年 51歲
- 設立眾達北京律師事務所
- 擔任台灣大哥大獨立董事至二〇二〇年

二〇〇五年 53歲
- 擔任大聯大獨立董事迄今

二〇〇七年 55歲
- 擔任精誠資訊獨立董事至二〇二二年

二〇〇八年 56歲
- 吳舜文過世
- 退出中華汽車董事會
- 擔任中信金控獨立董事至二〇一一年

二〇〇九年 57歲

- 榮獲《亞洲法律雜誌》（*Asian Legal Business*）雜誌評選為「全亞洲頂尖二十五位併購律師之一」（Asia's Top 25 M&A Lawyers），也是台灣唯一獲選者

二〇一三年 61歲

- 獲得台灣併購與私募股權協會併購金鑫獎之卓越成就獎

二〇一四年 62歲

- 擔任中鼎工程獨立董事至二〇二三年

二〇一六年 64歲

- 向眾達提出退休申請
- 退出裕隆董事會

二〇一八年 66歲

- 正式自眾達退休
- 嚴凱泰過世

二〇一九年 67歲

- 再度出任裕隆董事
- 創辦台灣產業創生平台，並擔任董事長

二〇二一年 69歲

- 擔任台達電子獨立董事迄今

國家圖書館出版品預行編目（CIP）資料

黃日燦傳：從圓環邊窮小孩走向併購大師的壯闊人生／黃日燦口述；楊倩蓉著. -- 第一版. -- 臺北市：遠見天下文化出版股份有限公司, 2024.06
面；　公分. --（財經企管；BCB839）
ISBN 978-626-355-810-6（精裝）

1.CST：黃日燦　2.CST：自傳

783.3886　　113007795

財經企管 BCB839

黃日燦傳：
從圓環邊窮小孩走向併購大師的壯闊人生

口述 — 黃日燦
作者 — 楊倩蓉

總編輯 — 吳佩穎
責任編輯 — 黃安妮
封面暨內頁設計 — 江儀玲
封面暨內頁照片提供— 黃日燦

出版者 — 遠見天下文化出版股份有限公司
創辦人 — 高希均、王力行
遠見・天下文化 事業群榮譽董事長 — 高希均
遠見・天下文化 事業群董事長 — 王力行
天下文化社長 — 王力行
天下文化總經理 — 鄧瑋羚
國際事務開發部兼版權中心總監 — 潘欣
法律顧問 — 理律法律事務所陳長文律師
著作權顧問 — 魏啟翔律師
社址 — 臺北市 104 松江路 93 巷 1 號
讀者服務專線 — (02)2662-0012
傳真 — (02)2662-0007；(02)2662-0009
電子郵件信箱 — cwpc@cwgv.com.tw
直接郵撥帳號 — 1326703-6　遠見天下文化出版股份有限公司

內文排版 — 中原造像股份有限公司
印刷廠 — 中原造像股份有限公司
裝訂廠 — 中原造像股份有限公司
登記證 — 局版台業字第 2517 號
總經銷 — 大和書報圖書股份有限公司　電話 — (02)8990-2588
出版日期 — 2024 年 6 月 28 日第一版第一次印行
2024 年 7 月 23 日第一版第三次印行

定價 — NT 600 元
ISBN — 978-626-355-810-6
EISBN − 9786263558038（EPUB）；9786263558021（PDF）
書號 — BCB839
天下文化官網 — bookzone.cwgv.com.tw

天下文化

BELIEVE IN READING